Mi primer libro tenía prevista una DEDICATORIA (que no apareció) a la memoria de mi querido padre, que está con el Señor.

En esta segunda obra quiero mencionar a mi amada compañera Carmeta y a mis hijos Daniel, Abel y Marta, quienes me estimulan incesantemente —e incluso me inspiran— a seguir produciendo lo que ahora les dedico con todo mi cariño, y que anhelo sea provechoso para la Obra de mi Dios, a quien amo y procuro servir con lealtad.

EL AUTOR

DANIEL NUÑO

POESIAS
PARA LA
IGLESIA CRISTIANA

Libros CLIE
Galvani, 113
08224 TERRASSA (Barcelona)

POESIAS PARA LA IGLESIA CRISTIANA

© 1977 por CLIE

Depósito Legal: SE-2046-2002
ISBN: 84-7228-271-6

Impreso en Publidisa

Printed in Spain

PROLOGO

Con este volumen POESIAS PARA LA IGLESIA CRISTIANA asistimos al alumbramiento de un nuevo libro de Daniel Nuño, autor ya conocido de los evangélicos de habla hispana por su «Enciclopedia de Poesía Evangélica», obra que llenó un vacío existente en la biblioteca de nuestras iglesias.

Si bien es verdad que en estos últimos años el lector estudioso ha visto enriquecer sus estantes por la aparición de abundantes obras de «calidad», de mucha «talla», en todas las disciplinas —Comentarios: exegéticos, devocionales, doctrinales; Teología, Evangelización, etc.—, continuamos sintiendo déficit en cuanto a obras poéticas evangélicas; se acusa muy especialmente cuando los intendentes o responsables de Escuelas Dominicales tienen que preparar alguna fiesta —Navidad, el Día de la Madre—, y se ven obligados a repetir el mismo «material»: poesías, diálogos de años anteriores.

Daniel Nuño, que por su larga experiencia en la preparación de fiestas de Escuela Dominical, y para jóvenes, ha sentido muy directamente esta necesidad, ha querido con esta obra poner su granito de «poesía», tratando de enriquecer así las existencias de este «material» poético para estas fiestas sociales a que tan dados somos los evangélicos hispanos.

Para el lector que no conozca al autor, diré que es poeta espontáneo, sencillo, delicado; es un hombre de Dios; hijo de un gran «colportor», luchador, esforzado, D. Hilario Nuño, que con su preciosa carga de Biblias sobre sus espaldas, con su «bagaje» de buenas nuevas, caminó sembrando por las áridas tierras andaluzas, por los verdes parajes del norte de España, y evangelizó por las interminables llanuras manchegas. (Descansa ya en la paz de su Señor.) Daniel Nuño tomó el arado de manos de su padre, y su predicación brota por las notas del órgano y a través del lenguaje de la poesía. (Es organista y director del coro de la Iglesia Evangélica en Villanueva y Geltrú, Barcelona.)

El presente libro se ha hecho pensando poder aportar algo a los lectores particulares y a las iglesias, que les sirva de bendición, y para que por medio de su contenido sea glorificado el Nombre de nuestro amado Salvador y Señor.

DAVID AIS CAULA

Pastor en Villanueva y Geltrú

Fiesta de la Navidad

LO MAS BELLO

Lo más bello es el Amor.
Lo más noble, la Verdad.
Y Cristo es el resplandor
De la hermosa Navidad.

TRADUCIENDO

Lo más hermoso y querido
Que existe en la Navidad,
Es el Amor, traducido
En obras de caridad.

¡ESCUETO!

No quiero hacerles sufrir
Con un extenso sermón.
Sólo les vengo a decir,
Que Cristo es mi Salvador.

MAS PURO

¿Recuerdan el resplandor
De la nieve y su blancura...?
Pues más puro es el Amor
Que Dios tiene a sus criaturas.

AUNQUE PEQUEÑITA

Aunque soy muy pequeñita,
amo a Cristo El Salvador,
y mi alma necesita
los cuidados de Su Amor.

UNA DE LAS COSAS

Una de las muchas cosas
que nos trae la Navidad,
es, la Esperanza gloriosa
del cielo en la eternidad.

CONTENTO

Estoy contento, contento
Porque nació el Salvador.
Y es tanto el gozo que siento,
Que canto, ¡Gloria al Señor!
Por este feliz momento
que nos depara Su Amor.

DULCES Y ALEGRES

Dulces como los turrones
y alegres como el champán
se ponen los corazones
que al Señor las gracias dan.

EL TESORO

Jesucristo es el tesoro
De la hermosa Navidad.

Por eso humilde le adoro.
Y El, cuando amante le imploro,
Me llena el alma de Paz.

CRISTO, LA RESPUESTA

Al llegar esta gran fiesta
se alegra el pueblo cristiano
Porque Cristo es la respuesta
de todo el problema humano.

A TODOS POR IGUAL

Cristo ofrece salvación
a todos por un igual
Pero sólo el corazón
que a El suplica perdón,
tendrá este don celestial.

LUMBRERAS

Por el día brilla el sol.
Por la noche, los luceros.
Y en todo tiempo, el Señor
Alumbra nuestro sendero.

AQUI NO

Aunque en mi casa doy gritos,
Aquí no puedo gritar.
Pero aunque soy pequeñito
Quiero al Señor alabar.

TODOS LOS SERES

Todos los seres del mundo
Celebran la Navidad,
Por ser la fiesta del cielo,
Que proporciona consuelo
A toda la humanidad.

UN DIAMANTE

Si yo tuviera un diamante,
¿Sabéis a Quién lo daría...?
A Cristo, el Divino Infante
Que redimió el alma mía.

COMO UNA FLOR

Como una flor de Mayo
Ofrezco al Dios de Amor
Mi alma, y lo proclamo,
Mi REY y SALVADOR.

CON MI CAMPANITA

Vengo con mi campanita
A anunciar lo más hermoso,
Que el Dios de Amor nos invita
a gozar su Paz Bendita.
¿No es esto maravilloso...?

SE QUE CRISTO VINO

Soy pequeñito,
Pero sé bien
Que Jesucristo

Nació en Belén.
Yo sé que vino
A darme consuelo
Y a darme entrada
En el mismo cielo.

CON ESTRELLITAS

Con estrellitas del cielo
quisiera hacer un collar,
y en este día ofrecerlo
al que nos vino a salvar.

COMO UNA LUCECITA

Soy como una lucecita
que brilla para el Señor,
y con mi voz tan flojita
les digo, aunque pequeñita,
Que Cristo es mi Salvador.

SINCERIDAD

Yo no soy un niño bueno
porque hago mil travesuras.
Mas mi tierno corazón
hoy canta con devoción.
¡Gloria a Dios en las alturas!

COMO HERMANOS

Al llegar esta gran fiesta
la gente es algo mejor.

Porque unidos como hermanos
van cogidos de la mano
Nochebuena y el Amor.

UNA JOYA

Tengo una joya
bella y preciada
que pertenece
a mi Salvador.
Es mi alma pura
por El salvada.
¿Diste la tuya
a Cristo el Señor?

TENGO

Tengo muy poquita voz,
Pero mucha voluntad.
Y digo: VIVA EL SEÑOR,
Y VIVA LA NAVIDAD.

OVEJITA

Soy una tierna ovejita
De Jesús el Buen Pastor.
Como soy muy pequeñita,
Les diré: «DIOS ES AMOR».

TENGO UN CORAZON

Aunque soy muy pequeñita,
Tengo un tierno corazón
Que alegremente palpita
Por Cristo y Su Salvación.

CON RESPETO

Con mucho respeto
Les vengo a decir,
Que Dios es Amor,
Y mi corazón
Vino a redimir.

CRISTO NACIO

Cristo nació en un mesón
la noche de Navidad,
para darnos Salvación
y eterna felicidad.

CONCRETO

Mi verso es breve y concreto.
Jesucrito, ¿te ha salvado...?
Con el debido respeto,
Señores... Ya he terminado.

COLECTIVIDAD INFANTIL

(Para ser recitada por varios niños
pequeñines a la vez)
Somos todos pequeñitos,
y al llegar la Navidad,
nos ponemos muy juntitos
para decir la verdad.
Que ha nacido Jesucristo
para darnos Vida y Paz.

BELEN ESTABA TRISTE

Belén estaba triste,
Pero, nació el Mesías
Y todos entonaron
Cantares de alegría.

Desciende de los cielos
El mensaje Divino,
Que llena de consuelo
Al pobre peregrino.

ALELUYA

ALELUYA, fue el cantar
de los ángeles del cielo,
cuando de Dios el consuelo
nos vinieron a anunciar.

ALELUYA nuevamente
Hoy yo quiero repetir,
Y mi pobre canto, unir
Al de todos los creyentes.

UN SALTO

Como soy muy pequeñito,
No puedo llegar muy alto,
Y cuando algo necesito
Tengo que pegar un salto.

Pero yo sé una cosita
Que me llena de consuelo,
y es, que mi voz pequeñita
Puede llegar hasta el cielo.

ME GUSTARIA

Me gustaría tener
un caballo volador
y subir montado en él
hasta el cielo del Señor.

Pues le quisiera decir
que siento gran alegría
porque vino a redimir
del pecado el alma mía.

UN CANTO DE AMOR

La Navidad es un canto
de Paz y de Amor sublime.
Es Dios, que sabe amar tanto,
que a sus criaturas redime.

Amor puro, concentrado,
como esencia muy valiosa,
El mismo Dios se ha humanado,
y a los hombres nos ha dado
Su Bondad maravillosa.

FLORECILLA

Como hermosa florecilla
De un jardín encantador,
Traigo mi ofrenda sencilla
Para entregarla al Señor.

Es mi alma, que inocente
Quisiera siempre guardar.
Y tú, amigo... ¿Qué presente
Piensas a Cristo entregar...?

EN BELEN

En Belén, José y María
No hallaron alojamiento,
Por eso Jesús tenía
Tan humilde nacimiento.

Si en Belén yo hubiera estado,
Con gran orgullo y placer
Mi cama le habría dado
A Cristo para nacer.

UNA NOCHE

Una noche de invierno
Jesús nacía,
Ofreciendo a los hombres
Paz y alegría.

Aunque muchos desprecian
Su Bendición,
Yo le entrego en ofrenda
Mi corazón.

COMO UNA ESTRELLA

En la noche más bella,
con su brillo obediente,
fiel guiaba la estrella
a unos Magos de Oriente.

Yo también como ella,
quiero a otros guiar,
proclamando, que Cristo
quiere su alma salvar.

CANCIONES NAVIDEÑAS

Canciones Navideñas
Que causan alegría.
Canciones Navideñas
Entona el alma mía.

A Cristo las canciones
Se deben dedicar,
Y a El los corazones
Abrir de par en par.

LA LUZ DEL CIELO

La noche estaba obscura,
Mas al nacer Jesús,
Transforma su negrura
En torrente de luz.

Irrumpe de los cielos
Un fuerte resplandor
Que alumbra a los perdidos
Y anuncia que ha nacido
El CRISTO SALVADOR.

Y SIGUE ABIERTA

Cuando Dios vino al mundo
¡Noche querida!
Se abrió para el creyente
La Eterna Vida.

Y sigue abierta.
El que quiera ir al cielo,
Cristo es la PUERTA.

MAS DE CUATRO QUISIERAN...

Como soy pequeñito
No les engaño.
Más de cuatro quisieran
Tener mis años.

No os desanime.
Que el que se hace pequeño
Dios lo redime.

CONFORMIDAD

Si yo tuviera un cohete,
Me iría hacia las estrellas,
Y desde allí le diría
Al Señor cosas muy bellas.

Mas, como no puedo ir
En mi cohete montado,
Yo le digo desde aquí:
¡Gracias por Tu Amor sagrado...!

CON TODO

Con mis manos puedo obrar.
Con mis ojos puedo ver.
Y con mi boca, alabar
Al que me vino a salvar
Y por mí quiso nacer.

Con mis palabras, lo alabo.
Con mis actos le doy Gloria.
Con el corazón, le amo,
Y con mi vida proclamo
De Su Amor la bella historia.

OLVIDO

Cuando llega este gran día
el mundo entero se alegra.
Después la gente se olvida
alegando que la vida
está muy cara y muy negra.

Por eso precisamente
No se debiera olvidar
que sus mayores problemas
el que nació en Nochebuena
los puede solucionar.

DICHOSA

Me siento dichosa.
Estoy muy contenta.
Seguro que ustedes
Se habrán dado cuenta.

Y también, seguro
Sabrán la razón.
PORQUE DIOS NOS AMA.
Y HOY SE PROCLAMA
SU GRAN SALVACION.

COMO UN RAMITO

Como un ramito
de hierba buena
nos llega al punto
la Navidad.

Y con su aroma
de paz serena,
gozan las almas
felicidad.

Hoy los hogares
ríen y cantan
mientras recuerdan
al Salvador.
Que vino al mundo
en la noche Santa
para brindarnos
Su Eterno Amor.

EL PRECIO DE LA INOCENCIA

Aunque soy muy revoltoso,
y algún disgustillo causo,
mi verso es el más hermoso
y bien merece un aplauso.

Jesús, también fue pequeño
y haría sus travesuras.
Por favor, tengan paciencia.
Hay que pagar la inocencia
a precio de gran altura.

VOSOTROS NO LA TENEIS

Aunque pequeño me veis
tengo algo de valor
que vosotros no tenéis
y voy a darlo al Señor.

Vosotros tendréis conciencia
aunque acaso esté dormida,
mas no tenéis inocencia,
porque el pecado y su ciencia,
la quitó de vuestra vida.

Yo no quisiera perderla
y al Señor la he de ofrecer
como una preciosa perla,
porque El sabe protegerla
con su Divino poder.

SALUDO SONRIENTE

Todavía soy pequeña
y no es fuerte mi memoria.
Otro año os contaré
de Belén la linda historia.

Ahora, sencillamente
os tendréis que conformar,
con un saludo sonriente,
y el deseo de gozar.

En esta fiesta preciosa,
con Paz, Amor y Alegría.
Sin olvidar, el dar gracias
Al que Su Amor nos envía.

LO IMPORTANTE

No quiero hacerme pesada
con una larga poesía;
Ni tampoco estar callada
en tan señalado día.

Por eso os vengo a decir
que gocéis la Navidad,
dando gracias al Señor
y gozando de su Paz.

LO IMPORTANTE en esta fiesta,
no es comer turrón y pollo.
Y ya no digo más cosas,
porque se me acabó el rollo.

DESMEMORIADO

Si yo tuviera memoria,
Les hubiera recitado
Un verso así, de tres horas;
Y sin hacerme pesado.

Como no sé recitar
Porque de todo me olvido,
Se tendrán que conformar
Con algo muy reducido.

Sólo les quiero decir,
Con la mayor devoción,
Que Cristo vino a sufrir
Para darnos Salvación.

TENGO AL SEÑOR

Yo tengo al Señor Jesús
en mi alma y en mi cuerpo.
Aunque hay quien imagina
que esto no puede ser cierto.

Porque soy muy revoltoso,
y doy algún disgustillo.
Por favor, sean juiciosos.
¿No ven que soy un chiquillo?

Pido al Señor que me guarde
y mi vida perfeccione.
Que pueda ahorrar a mis padres
unos cuantos sofocones.

SI YO TUVIERA

Si yo tuviera dinero,
a los pobres lo daría,
y sé que el Señor del Cielo
muy contento se pondría.

Porque en el Libro Sagrado,
claramente se menciona,
que ayudar al desgraciado
es hacerlo a Su persona.

Mas, mi bolsa está vacía.
No puedo hacer lo que quiero.
¡Tantas cosas como haría
si yo tuviera dinero...!

SI TUVIERA UN CASCABEL

Si tuviera un cascabel
en este importante día,
al Niño Dios, Emmanuel,
con gozo se lo daría.

Prendido de una cintita,
y cada vez que sonara,
de mi alma pequeñita
quisiera que se acordara.

Para ser más obediente.
Para guardarme del mal.
Para servir dignamente
al niñito Celestial.

SU PRIMAVERA

Para un cristiano, la Navidad
Es el comienzo del Plan Divino
Que abre una senda, un nuevo camino.
Celeste aurora de Amor y Paz.

Es un camino resplandeciente.
Lleno de Gracia. Lleno de Luz.
Que une el pesebre con una cruz;
Y fue trazado para el creyente.

Por él suspira el alma sincera,
Con la esperanza de Nueva Vida.
La gran Promesa ya está cumplida;
Que Navidad es, su Primavera.

LOS PRIMEROS QUE LE ADORAN

Unos sencillos pastores
fueron con amor profundo,
primeros adoradores
que el Señor de los Señores
tuvo al llegar a este mundo.

También fueron los primeros
en darle la bienvenida,
aunque entonces no entendieron
que Aquél que sus ojos vieron
era el autor de la vida.

Ejemplo de sumisión
ante el mensaje divino.
Hermosa disposición
para que en el corazón
Dios trace el recto camino.

SI YO FUERA

Si yo fuera un ruiseñor,
Cantando siempre estaría
Alabanzas al Señor.

Si fuera una florecilla,
Le daría mi perfume
Y mi belleza sencilla.

Si una palomita fuera,
Por el mundo volaría
Siendo su fiel mensajera.

Como soy sólo una nena,
Le entrego mi corazón
Para que me haga más buena.

OFRENDA INFANTIL

Niño bendito
que en el pesebre
humildemente
naces por mí.
Toma mi pobre
corazoncito

como un presente
que hoy traigo a ti.

Limpia Tú mismo
sus impurezas,
coloca el trono
de tu Bondad.
Vive Tú dentro
y con tu presencia
guárdame siempre
de la maldad.

Aunque pequeño,
ya necesito
de tus cuidados
y Bendición.
Por eso humilde
te solicito
que vivas siempre
en mi corazón.

AIXIS HU COMPRENG

Cada dia al dematí
Donu grasies al Senyor,
Per lo qu'Ell ha fet per mi;
Y em proposu ser millor.

Pero no em surten les contes,
I encare que no ho vui fer,
Sempre faig alguna cossa
Que no i trobu gaire bé.

Aixis compreng el que i diu
L'Evangeli del Amor.
Al neixe Crist, Déu volia
Tréurens la dolenteria
Que hiá dins del nostre cor.

FLORETAS

Jo porto un ram de floretas
Per regalarli al Senyor.
Són de las més boniquetas
Que h'i trobat. «I en fan de olor.»

Representan las virtuts
Que amb ma vida vui tenir,
I cuan sigui més grandeta
També puguerli oferí.

Humildad i simpatia.
Valort, Bondat i memòria.
I molta, molta alegria
Per cantar la seva Glòria.

PARA QUE NADIE SE ENFADE

No sé qué os parecerá,
Mas, como soy buen cristiano
I aquí dos llenguas hiá,
Dic un tros en català
Y el demés en castellano.

JESUS és un gran amic.
Que ha salvado el alma mía.
Per això tan content estic.
¿No se nota mi alegría...?

El nació un día en Belén.
I ha nascut dins del meu cor.
Y quiere ser hoy también
Vuestro amigo y SALVADOR.

VENGO

Vengo contento,
con gran fervor.
Vengo a pedirle
a Dios un favor.

Como más bueno
no logro ser,
y sé que El tiene
mucho poder,

Vengo a pedirle
con devoción,
me haga un trasplante
de corazón.

Como El me ama,
sé que lo hará,
por eso mi alma
contenta está.

Yo no soy bueno,
pero el Señor
me ayuda a serlo,
porque «ES AMOR».

EJEMPLO DE HUMILDAD

En un pesebre Cristo nació
dando ejemplo de humildad.
El Dios potente se anonadó.
Vino a ofrecer su Amistad.
Nació sin pompa ni ostentación
el prometido Emmanuel,
para ofrecernos la bendición
de ir a morar con El.

El prometido Rey de Israel
no halla en su pueblo lugar.
Desde su albor, rechazado fue
el que nos vino a salvar.
Aunque el mortal no quiere admitir
la realidad de su Amor,
El vino al mundo para redimir
al pobre pecador.

Humildemente Cristo vivió,
haciendo el bien por doquier;
Pero el pecado no le manchó
ni destruyó Su Poder.
Hasta la muerte supo triunfar,
logrando mi Redención.
Y ahora, Su Amor al recordar,
canta mi corazón.

LO MAS IMPORTANTE

Aunque soy muy revoltoso
Y hago muchas travesuras,
Sé que el Todopoderoso
Me ama con gran ternura.

Era tanto su interés
por salvar mi alma perdida,
Que por mí nació en Belén,
Y murió por darme vida.

Yo no puedo controlar
los nervios que me alborotan.
Mas con El, puedo evitar
de mi alma la derrota.

No importa si soy tremendo.
Lo importante es que el Señor
Me ha librado del infierno.
¡Gloria a mi Buen Salvador!

31

¡VAYA PENSAMIENTOS!

Estoy pensando, pensando,
Y no lo puedo evitar.
Mi pensamiento no es malo,
Pues pienso en esos regalos
Que después nos van a dar.

Me hace tanta ilusión,
Que estoy inquieto y nervioso;
Y aunque no sea mi intención,
Me palpita el corazón
A un ritmo vertiginoso.

Su valor no es monetario.
No hay oro en el mundo entero
Comparado a este presente.
La ilusión de un inocente
No se compra con dinero.

Es parte del atractivo
Que tiene la NAVIDAD.
Si Dios no hubiera nacido,
Mi alma no habría tenido
Tan rica felicidad.

MI OSITO TEDDY

Yo tengo muchos juguetes.
Muñecas, libros y cuentos:
Un joyero y un estuche;
Y un osito de peluche
Que me llena de contento.

De entre todos, tengo uno
Que fue siempre el deseado.
Es TEDDY, al que quiero mucho,
Aunque ya esté algo pachucho
Y bastante estropeado.

(Lo muestra)

¿No sabéis...? Como a un amigo
Yo le cuento muchas cosas.
Y él, como un mudo testigo,
Se duerme y juega conmigo
con actitud silenciosa.

Aunque yo tanto lo quiero,
Con gusto se lo daría
Al Amigo verdadero.
Cristo: El Divino Lucero
Que brilla en el alma mía.

EL ASTRONAUTA

Si yo fuera un astronauta,
al cielo me acercaría
en una nave espacial,
y al Señor le entregaría
mi vida incondicional.

Porque Jesús es mi Jefe,
mi Capitán y mi Rey,
mi Caudillo y mi Señor.
Es Su Palabra mi ley,
y mi estandarte, Su Amor.

Humilde nació en pesebre.
Por su amor salvado fui
cuando en la cruz expiró.
Si El hizo tanto por mí,
¿Qué puedo negarle yo?

Aunque no tenga una nave
para volar hasta el cielo,
mi alma canta agradecida,
y es mi más ferviente anhelo
serle fiel, toda mi vida.

SALUDO

Muy buenas señores.
Vengo a recitar;
Pero no me acuerdo
ni cómo empezar.

Los dichosos nervios
me están traicionando
y mi hermoso verso
lo estoy olvidando.

¡Soy tan vergonzosa...!
¡Qué contrariedad...!
Pero estoy gozosa
porque es Navidad.

Y en este gran día
Hay cosas muy bellas.
Amor... Alegría...
Pastores... Estrella...

Todo nos recuerda
al Dios humanado
que al mundo desciende
con amor sagrado

Para redimirnos,
para darnos vida.
Para dar consuelo
al alma perdida.

¡Ay...! ¡Por fin lo dije...!
¡qué tranquilidad...!
Adiós; hasta otra.
FELIZ NAVIDAD.

EL PRIMER SALUDO

¡Vaya...! ¡Cómo pasa el tiempo...!
¡Qué veloz corre la vida...!
Otra vez yo vengo a darles
la más cordial Bienvenida.

La Navidad del Señor
nuevamente disfrutamos,
que sin duda, es la mejor
de todas cuantas gozamos.

Hoy queremos recordar
con poesías y canciones,
aquella fecha sin par,
que alegra los corazones,
porque nos trae Bendiciones
difíciles de olvidar.

Cristo nació humildemente
y con El, nuestra alegría,
por eso es tan elocuente
el gozo de este gran día.

Deseamos que les guste
nuestra sencilla expresión.
Y por favor, no se asusten
si oyen alguna explosión.

Pero es que estamos ardiendo
con emoción y alborozo,
porque después de los versos,
habrán regalos hermosos.

Mas no les quiero cansar.
Tras mi cordial Bienvenida,
prepárense a disfrutar,
y con gozo a recordar
la historia más Bendecida.

ADIVINANZA

Muy alegre y jubilosa
hoy les vengo a proponer
una adivinanza hermosa;
y el que la acierte, esta cosa
como premio va a tener.

(Muestra un obsequio)

Grande, como el firmamento:
Profundo como la mar,
y en mi pecho yo lo siento.
¿Lo podéis adivinar?

(Leve pausa)

Es el Amor infinito
de Dios, hacia sus criaturas.
¡Tan inmenso! ¡Tan bendito!
Y a la vez, con tal ternura,

Que llega a los corazones,
Los transforma y los redime;
llenando de Bendiciones
a todos, sin distinciones,
los que humildes se lo piden,

Ese Amor incomparable
ha llegado hasta mi vida.
No hay nada más agradable
para un alma arrepentida.

BUENA DECISION

El Señor mucho me quiere
Tanto, que me da su paz
y por mí vino a nacer
en la hermosa Navidad.

Yo he decidido, valiente
seguir su ejemplo triunfante
aunque se burle la gente
y me llame protestante.

Deseo imitar su ejemplo.
Obedecer sus mandatos.
Amarle sin fingimiento.
Y sé que este sentimiento
no me costará barato.

Sé que seguir al Señor
no es fácil en esta vida.
Pero El por mí con valor
sufrió mayores heridas.

Satanás como una fiera
será un feroz enemigo
que acosará por doquiera;
ya puede hacer lo que quiera.
Que ataque... pero yo sigo.

REGALO DE CUMPLEAÑOS

Señor Jesús, yo vengo
        a felicitarte.
Y lo poco que tengo
        quiero ofrendarte.

Si tuviera brillantes
        te los daría.
Pero es pequeña y pobre
        la ofrenda mía.

No poseo riquezas
        ni tengo dones.
Mas yo vengo a traerte
        mis ilusiones.

Lo que ofrezco a tus plantas
    con ilusión,
Es la perla más grande:
    Mi corazón.

Te lo ofrezco gozoso,
    como un presente.
Para que Bondadoso
    Tú lo sustentes.

Acepta mi regalo.
    Toma mi vida.
Que no seré tan malo
    si Tú me cuidas.

EL RAMITO DE FLORES

Tengo un ramito de flores
que hoy quisiera entregar
al Señor, y gracias darle
porque nos vino a salvar.

En cada flor, he guardado
un deseo cariñoso.
Nunca mejor presentado,
ni en sitio más delicioso.

Darla al Señor, es complejo;
mas solución ya encontré,
porque aunque el cielo está lejos,
Cristo está aquí: Yo lo sé.

Como El dice: «Que si damos
algo en su Nombre sagrado,
no hay duda de que El lo admite»,
yo voy a entregar el ramo
a una señora ancianita. (Lo entrega)

Todos hoy debemos dar
algo al Señor de los cielos,
pues se ha de felicitar.
De esta forma, El va a gozar,
y otros tendrán su consuelo.

BELLEZA

Bellas melodías
de Amor y de Paz.
Todo es alegría
en la Navidad.

Nació Jesucristo
y con su venida,
nos da la esperanza
de una nueva vida.

El recuerdo grato
de su nacimiento,
hace que los hombres
vivan más contentos.

Con Cristo, ha nacido
la gran Bendición
de alcanzar el cielo
por Su Salvación.

Bendita la fiesta
que anuncia la Paz.
Dios se manifiesta.
¡Feliz Navidad!

¡BENDITA CONCENTRACION!

En la Navidad Bendita,
están por Dios concentradas
las virtudes más preciadas
que el cristiano necesita.

Está el AMOR, la HUMILDAD,
la BONDAD y la INOCENCIA,
la VERDAD y la OBEDIENCIA,
el GOZO, la FE, la PAZ...

Cristo al nacer, se rodea
de lo más puro y más bello,
como un radiante destello
de lo que al hombre desea.

Es como un bello misterio.
Como un oasis sagrado
en un mundo de pecado.
La luz del más noble Imperio.

Canta el alma conmovida:
La Navidad es virtud.
Un preludio de la cruz
que viene a darnos la vida.

LA NIEVE

En la Navidad primera
no hubo paisaje nevado,
pues los pastores guardaban
sus rebaños y velaban
en el monte, al descampado.

¿Por qué pues en Navidad
nos pintan con nieve el suelo?
Tal vez sea, que en verdad,
como un símbolo de paz,
la nieve baja del cielo.

Además la blanca nieve
es símbolo de pureza,
y no hay más puro legado
que el mismo Dios humanado
naciendo entre la pobreza.

Como este blanco elemento,
Dios blanquea el alma mía.
Aquel bello nacimiento,
fue el feliz alumbramiento
de mi paz y mi alegría.

SE HIZO POBRE

Si yo fuera un rey poderoso,
quisiera mi reino ofrecer
a Cristo, el gran Dios Bondadoso
que quiso en la tierra nacer.

El es el Señor de señores;
El Rey de los reyes también,
Mas deja sus muchos honores
y nace en la humilde Belén.

Dejó sus riquezas y Gloria.
Su Reino y su gran Poderío,
viniendo muy pobre a la tierra,
en busca del corazón mío...

Si tanto ofreció el Rey del cielo
por mi alma que estaba perdida,
yo a El, con gran gozo le entrego
la esencia de toda mi vida.

SINCERIDAD

Soy un muchacho inocente,
y aunque soy algo travieso,
a nadie le he roto un hueso,
ni he saltado ningún diente.

Hay una fuerza interior
que estorba mi testimonio.
¿Sabéis quién es...? el Demonio,
que es criminal y traidor.

Claro, como es invisible,
se pone detrás de mí
y me dice: —«Por ahí».
Entonces yo soy terrible.

Pero la culpa no es mía.
Yo quisiera ser más bueno.
Pero me da ese veneno,
y sin yo querer, me lía.

¡Ay...! Si lo pudiera ver
le daría una paliza,
pero es él el que me atiza
hasta hacerme entristecer.

Voy a pedirle al Señor
hoy, que es un día especial
que me libre de este mal
y me ayude a ser mejor.

Entonces celebraré
de verdad su nacimiento,
y cantando muy contento
al Demonio venceré.

ALEGRAOS

Alegrad los corazones,
Porque en Belén ha nacido
El que nos da Bendiciones.
El Mesías prometido.

Alegraos y cantad
Alabanzas al Dios Santo.
Hay motivos de verdad
Para cantar sin descanso.

Estábamos condenados
A una eterna desventura
Y El vino para salvarnos
y hacernos Nuevas Criaturas.

Ha cambiado nuestro rumbo
Hacia esferas celestiales.
Ahora no están en el mundo
nuestras metas principales.

Hay razones suficientes
Para sentir alegría.
Alegraos, pues, creyentes.
Cantemos alegremente
Al que Su Amor nos envía.

EN LA NOCHE SILENCIOSA

En la noche silenciosa;
cuando el Mesías nació,
con voces maravillosas
un coro eterno se oyó.

Se iluminaron los cielos
en los campos de Belén,
y aquel paisaje tan bello
inauguró un nuevo Edén.

Nace el autor de la vida.
Se humana nuestro Hacedor.
Dios ante el hombre se humilla
para mostrarnos su Amor.

Viene a salvar al perdido.
Viene a traernos la Paz.
Viene a mostrar el camino
de eterna felicidad.

En la noche silenciosa;
cuando el Mesías nació,
La Gracia maravillosa
de Dios, se manifestó.

EL REY HERODES

El rey Herodes, un día,
para halagar su persona
quiso matar al Mesías,
porque en su orgullo temía
perder su real corona.

Y asesinó a muchos niños,
pequeñitos inocentes,
llenando así de dolor
al pueblo, mas el Señor
no destruyó el delincuente.

Qué necio era al pensar
que a Dios torcía el camino.
Tan sólo pudo lograr,
su negra cuenta aumentar
para el gran juicio Divino.

Dios cumplió Su Gran Promesa
como lo había anunciado.
Naciendo en Belén primero,
y muriendo en un madero
por el hombre y su pecado.

No trates de entorpecer
los planes del Creador.
Lo que sí debes hacer,
es amar y obedecer
a Cristo tu Salvador.

EL MAS BELLO RESPLANDOR

El más bello resplandor
que brilló en la Navidad,
no fue el que causó temores
Cuando un ángel a pastores
les anunciaba la paz.

Ni tampoco fue la estrella
la que al cortejo oriental
guió, como fiel centella.
Su luz diáfana y bella
no es la lumbre principal.

El resplandor más potente,
estaba en la humilde cuna,
donde un niño sonriente
brindaba al mundo creyente
la más hermosa fortuna.

Aquel rayo luminoso
que en Belén se inauguraba
llenó mi alma de luz,
cuando mirando a la cruz
mis pecados perdonaba.

Cristo es el gran resplandor,
la más potente lumbrera.
El lucero triunfador,
Que en Belén con paz y amor
se mostró por vez primera.

NI SITIO DONDE NACER

Me da pena, Señor mío,
que al nacer nadie te diera,
ni una habitación siquiera
de resguardarte del frío.

Siento, hasta remordimiento
por aquella indiferencia.
¡Qué mal honran tu presencia!
¡Qué pobre es tu nacimiento!

Mas no me atrevo a culpar
a las gentes de Belén,
porque quizá yo también
lo mismo podría obrar.

Es difícil de entender.
Tú que todo lo creaste,
viniste al mundo y no hallaste
ni sitio donde nacer.

Yo te doy gracias Señor
porque en mí naciste un día,
y hoy canto con alegría
Que Cristo es mi Salvador.

ERA UNA CUADRA

Era una cuadra rústica, austera.
Era un establo para animales
Donde Dios quiso que apareciera
la solución para nuestros males.

De los pesebres o comedores
que en su recinto había instalados,
uno fue cuna del Dios de amores
que hasta tal punto se hubo humillado.

Lo más sencillo, Dios lo transforma.
Todo es sublime donde El se halla.
Usó una cuadra cual plataforma
para lanzarse a la gran batalla.

Naciendo humilde, se identifica
con las miserias del pueblo humano.
Primero cumple, después predica.
Hermoso ejemplo del Soberano.

¡Cuántas lecciones hay escondidas
De amor Divino en su nacimiento!
La más hermosa es que me dio vida
y por Su Gracia vivo contento.

NUNCA HUBO...

Nunca ha habido un nacimiento
tan bello y maravilloso,
como el que en este momento
celebramos muy contentos,
aunque también muy nerviosos.

Hay hombres muy importantes
en la historia de la vida
que hicieron cosas loables,
pero nunca comparables
con Cristo y con Su Venida.

Los ángeles anunciaron
que nacía un Salvador,
y un canto hermoso entonaron
que a los pastores llenaron
de alegría y de temor.

Era Dios que se humillaba
y entre los hombres nacía.
El Amor, que se encarnaba,
y a los hombres nos brindaba
Paz, Salvación y Alegría.

¡Bendito el Señor que vino
buscando los corazones...!
Y con Su ejemplo Divino
nos abrió un nuevo camino,
colmado de Bendiciones.

UN POCO DE HISTORIA

Voy a contar la historia
    bella y querida,
del Dios que al mundo vino
    por darnos vida.

Dejó su Gloria eterna.
    Su Señorío.
Y en cambio, aquí padece
    sed, hambre y frío.

Empieza su camino
    entre los mortales,
naciendo en una cuadra
    para animales.

Los ángeles cantores,
    con gran contento
anuncian a los pastores
    su nacimiento.

Después, Magos de Oriente,
    con fe y anhelo,
ofrecen sus presentes
    al Rey del cielo.

La historia que es muy larga
    y maravillosa,
aquí yo la termino
    muy presurosa.

Diciendo, que hace siglos
    nació el Amor.
Y ahora es Jesucristo
    mi Salvador.

LUCES DE NAVIDAD

Luces en la noche
de la Navidad.
Guerra a las tinieblas
y a la oscuridad.

Luces de colores
radiantes y bellas,
de vivos fulgores,
como las estrellas.

Luces que despiertan
en el corazón,
anhelos fervientes
de fe y devoción.

Luces, como emblema
de Paz y alegría,
y al Dios nos recuerdan
que en Belén nacía.

Luces precursoras
de santa hermosura.
Celestial Aurora
de Eterna ventura.

Luces, que nos hablan
de que Dios es Luz.
Que unen para el alma
Belén y la Cruz.

Luz que representa
nuestra propia vida,
que ha de estar despierta;
por siempre encendida.
Luces, que producen
sensación de Paz.
¡Qué bellas las luces
de la Navidad.

MI POESIA

¿Saben por qué estoy aquí
Rebosante de alegría...?
Porque les vengo a decir
Una hermosa poesía.

Me costó mucho trabajo
Aprenderla de memoria,
Pues tuve que ir «a destajo».
¡Pero es tan dulce su historia...!

Cuando la haya concluido
No me tienen que aplaudir.
Prefiero que no hagan ruido,
Pero quieran recibir

Al Señor de los señores
Que un día nació en Belén,
Y nos trajo el sumo bien;
El mejor de los mejores.

Ese alma pecadora
Que hace el mal sin miramiento,
Salva puede ser ahora
Gracias a su Nacimiento.

Dios nos ofrece Su Amor,
Y con El, Paz y Alegría.
No hay un anuncio mejor.
Con la ayuda del Señor,
Ya acabé mi Poesía.

FELIZ

Hoy me siento muy feliz.
¿Queréis que os diga por qué?
Aunque tal vez lo sabéis,
yo con gozo os lo diré.

Hoy no es un día cualquiera.
Yo estreno un lindo vestido
que me sienta de primera;
no sé si lo han advertido.

He comido unos manjares
exquisitos y sabrosos,
y otras cosas especiales
que llenan mi alma de gozo.

Pero lo que más me alegra:
—Y ésta es la pura verdad,
es porque hoy se celebra
la hermosa Natividad.

De Cristo, el Santo consuelo,
que nació por darme vida,
y ha puesto un trozo de cielo
en mi alma redimida.

Ya sabéis pues el motivo
de mi profunda alegría.
¿Queréis gozaros conmigo?
Dios quiere ser vuestro amigo.
Aceptadlo en este día.

LA VERDADERA RAZON

Vengo a cumplir un encargo
de una manera formal.
Se trata, de recordarles
que hoy es un día especial.

No sólo por las comidas,
que suelen ser suculentas.
Hay razones en la vida
que existen sin darnos cuenta.

Que Cristo nació, es sabido
por toda la humanidad;
pero saber a qué vino,
es lo importante en verdad.

Pues Cristo vino a nacer
por ti, que despreocupado,
jamás quisiste saber
que Dios pueda haberte amado.

Cristo vino a demostrarte
que su Amor es verdadero,
y porque quiso salvarte,
murió por ti en un madero.

La Navidad nos recuerda,
que El Señor te sigue amando,
y está esperando que vengas
Su perdón solicitando.

Entonces comprenderás
la verdadera razón,
porque Cristo nacerá
en tu pobre corazón.

CUMPLIMIENTO PROFETICO

Muchos profetas hablaron
del Divino nacimiento.
Gozosos profetizaron
el gran acontecimiento.

Cuando el reloj de los cielos
marcó la hora fijada,
nació el Divino consuelo
para el alma atribulada.

Se cumplió la profecía
punto por punto, aunque no
como Israel pretendía,
mas, como Dios prometió.

Lo que parecía un sueño,
fue realizado y cumplido.
No hubo detalle pequeño
que quedara en el olvido.

Nació Jesús en Belén:
De una virgen de Judá.
Nació para nuestro bien
El Ungido de Jehová.

Su nacimiento. Su vida.
Su muerte y resurrección,
fueron promesas cumplidas
para nuestra Redención.

Dios cuando habla, garantiza
Su Palabra, y yo lo siento.
Todo lo que El profetiza
tiene feliz cumplimiento.

MARAVILLA DE CONTRASTES

La Navidad está llena
de contrastes bien marcados.
Se unifica en Nochebuena,
lo mortal con lo sagrado.

Lo humilde, con lo Glorioso
se funden en tierno abrazo.
Juntos, lo vil y lo Hermoso
forman un muy bello lazo.

Por un lado está el pesebre,
el establo, los pastores...
Por otro, seres celestes
cantando al Señor loores.

En Belén, la oscuridad
que la noche entristecía;
y en el campo, claridad
más fuerte que en pleno día.

Mientras un rey se condena
tratando de aniquilarle,
otros, siguiendo una estrella
acuden para adorarle.

Entre las cosas sencillas;
ocurren en Navidad
contrastes que maravillan.
Son rayos de amor y paz.

Pero lo más importante:
Lo que mi ser nunca olvida,
es que yo, insignificante,
tengo desde aquel instante,
Salvación y Eterna Vida.

LA PAZ DEL MUNDO

En Belén, noble ciudad
como hermosa maravilla
se manifestó la paz,
de la forma más sencilla.

Angeles la pregonaron
con indecible alegría.
«Paz en la tierra», —cantaron,
«Porque ha nacido el Mesías».

Y allí se manifestaba
la paz del mundo perdido.
Sobre un pesebre se hallaba
El que al hombre ha redimido.

Los que hablaron de su vida
ya desde la antigüedad
lo anuncian en su venida
como «El Príncipe de Paz».

Paz y alivio verdadero
para el alma atormentada.
Paz para el hombre sincero.
Paz sublime; Paz sagrada.

Cristo es la Paz y el consuelo
que los hombres necesitan.
Es la respuesta del cielo
para el que humilde le invita.

Busca al Señor, y también
dirás como un desafío:
«La Paz que nació en Belén,
hoy mora en el pecho mío».

LA NAVIDAD ES CANCION

La Navidad es canción.
Expresión de regocijo.
Porque Dios que es todo amor,
por salvar al pecador
nos manda a Su Amado Hijo.

Los primeros en cantar
fueron seres celestiales
que anuncian la Navidad
proclamando al mundo Paz
y alegría a los mortales.

Cantaron los pastorcillos
cuando a Belén acudían
a adorar al Dios nacido.
Se sienten agradecidos
porque al fin llegó el Mesías.

Canta el cristiano sincero
que en Dios vive confiado.
Canta alegre y placentero,
porque el Divino lucero
su camino ha iluminado.

Y aunque hay personas que cantan
sin poner el corazón,
son muchas las alabanzas
que inspira esta noche Santa.
¡La Navidad es canción!

LA NAVIDAD ES AMOR

La Navidad es Amor,
Amor del más puro y bueno.
Ejemplo conmovedor.
Dios que busca al pecador
y lo levanta del cieno.

Amor desinteresado
que llega hasta el sacrificio.
Amor hacia el desgraciado
que a Su Dios ha despreciado
prefiriendo el mal y el vicio.

Amor que no tiene en cuenta
ni la traición ni el olvido.
Que tan sólo se lamenta
de que el mortal no consienta
su favor inmerecido.

Amor que se manifiesta
como un rayo de esperanza.
Divina y grata respuesta
para el alma que protesta
buscando el bien que no alcanza.

Amor, que su primavera
inició en humilde cuna,
Amor que paciente espera
una mirada siquiera
y a cambio da una fortuna.

Inefable sentimiento
de Dios a la humanidad.
Sin par acontecimiento,
que nos trae al pensamiento
la primera Navidad.

HOMENAJE

¡Qué hermoso es mirar al cielo
Y contemplar las estrellas!
Ver los astros y luceros;
Y un sinfín de cosas bellas.

Mirar hacia las montañas.
Ver los montes y praderas.
Los bosques de nuestra España.
Y la hermosa primavera.

El mar, los ríos, las flores,
La lluvia, el viento, la nieve.
La variedad de colores
Que tiene vida y se mueve.

Tanta y tanta maravilla
Que hay en nuestro alrededor,
Con respeto nos humilla
Ante tan gran Creador.

Sólo el Divino Poder
Pudo hacer tanta belleza.
Y todo lo quiso hacer
Para el hombre y la mujer,
Rey de la Naturaleza.

Y ese Dios Sabio y Potente,
Amando a la humanidad
Se humilla y nace en pesebre
la Noche de Navidad.

Ofrezcamos muy gozosos
Nuestro HOMENAJE SENTIDO,
A un Dios tan MARAVILLOSO
Que Su Amor nos ha traído.

¡¡AMOR!!

Amor Divino.
Amor de amores,
que en Cristo vino
a manifestar.
Que abrió un camino
a los pecadores,
para que al cielo
puedan llegar.

Amor Eterno.
Manifestado
en la persona
del Salvador.
Amor, que en lucha
contra el pecado,
vence, y redime
al pecador.

Amor sublime.
Amor triunfante.
Amor que alcanza
mi alma perdida.
Sus dimensiones
no habrá quien cante,
ni quien explique
su fiel medida.

Amor de Cristo.
Perfecto y Santo;
que se despoja
de su grandeza,

Y viene al mundo
en muy pobre manto
en una noche
de gran belleza.

Amor que sufre.
Amor que llora.
Que a todos brinda
paz y consuelo.
Amor que anuncia
la Bella Aurora,
y abre las puertas
del mismo cielo.

Amor tan puro:
¡Quién lo tuviera...!
Mas no es terreno
su resplandor.
¿Quién puede amarnos
de tal manera?
Y la respuesta, es:
¡Dios, que ES AMOR!

COMO UN PAJARITO

Como un pajarito
de rápido vuelo,
de esos tan bonitos
que pueblan el cielo
cantando alabanzas
a Su Creador;
como los jilgueros
como el ruiseñor.

Así yo quisiera
volar prestamente,
llegar la primera
ante el Dios Potente,

y con el encanto
de preciosos trinos,
ofrecer mi canto
al Señor Divino.

Mostrarle gozosa
mi agradecimiento,
por Su Paz preciosa,
por Su nacimiento.
Porque vino al mundo
para darnos vida,
y porque ha salvado
mi alma perdida.

Su Amor es tan grande,
que aunque yo estuviera
cantando incesante
Su Bondad sincera,
sólo lograría
muy pequeña parte.
Mi gran alegría
Señor, es amarte.

Te ruego que aceptes
mi pobre canción,
que hacia Ti se eleva
desde el corazón.
Con paz verdadera
mi canción repito.
¡Oh, cuánto quisiera
ser un pajarito!

LECCION DE AMOR

Se abrieron de pronto
las puertas del cielo.
Al mundo desciende
El verbo humanado.
Jesús, el Ungido.

El Dios verdadero.
que hace varios siglos
fue profetizado.

No escoge un palacio
cual correspondiera
a un rey. Aparece
sin pompa ninguna;
nace en el establo
de un mesón cualquiera,
y es un vil pesebre
su primera cuna.

Muy menospreciado
fue su nacimiento;
Su primer contacto
con la humanidad.
Aunque es un Dios Justo,
con su advenimiento
no viene a juzgarnos.
Viene en son de Paz.

De amor está dando
Divinas lecciones.
Muy claras razones
hay en su venida.
El viene buscando
sólo corazones.
A rescatar almas
para eterna vida.

Hoy no es diferente,
e igual que aquel tiempo
no le diera albergue
ninguna posada,
sigue indiferente
el hombre viviendo,
y a Cristo, en su vida
le niega la entrada.

Mas El, noble insiste,
paciente esperando
que alguien le reciba
en su corazón.
Para bendecirle,
Para transformarle.
Gozando de lleno
su gran Salvación.

LOS CIELOS SE ABRIERON

Los cielos se abrieron
como una cortina.
Y la luz Divina,
en su aparición,
cegó a los pastores
que humildes velaban,
y esto les causaba
miedo y turbación.

Mas no les dio tiempo
de hacer conjeturas,
porque una criatura
bella, celestial,
les dio un gran mensaje:
La grata noticia,
que El Sol de Justicia
es vivo y real.

Ya no sienten miedo,
pues nació el Mesías.
La fiel profecía
por fin se cumplió.
Y en sus corazones
tristes y abatidos
sienten que ha venido
la Gran REDENCION.

Se oye el dulce canto
que del cielo viene.
Ellos también tienen
ganas de cantar...
Por eso a la aldea
corren presurosos.
Están deseosos
de a Cristo adorar.

Llevan sus zurrones,
algo malolientes,
llenos de presentes
para el Salvador.
Son para mostrarle
su agradecimiento.
¡Fiel recibimiento
de un Libertador...!

Sencillez, que agrada
a un Dios que es perfecto;
aunque haya defectos,
si hay sinceridad,
Dios busca esos hombres
que sinceramente,
se humillan fervientes
ante Su Verdad.

Vamos, pues, nosotros
como los pastores,
a darle loores,
sin hipocresía.
Esta es la alabanza
que un cristiano ofrece,
y que bien merece
JESUS, EL MESIAS.

63

COMO LA ESTRELLA

Como la estrella radiante
que a los Magos conducía,
que los llevó hasta el Mesías
con firme seguridad,
Así es el Libro Divino,
el que guía al peregrino
que quiere hallar la verdad.

En sus Palabras de Vida
no hay un posible extravío.
En su senda, no hay desvíos
que induzcan hacia el error.
Su luz es clara y hermosa.
La antorcha maravillosa
que nos lleva ante el Señor.

Su resplandor, desvanece
las tinieblas más oscuras.
Disipa todas las dudas
del cuitado corazón.
Muestra la verdad latente,
y en el corazón creyente
produce Fe y Salvación.

Busca la Divina estrella,
como los Magos lo hicieron.
Sigue el estrecho sendero
que te muestra con su luz,
y hallarás grandes sorpresas.
Maravillosas promesas
que salen desde la cruz.

No descuides su lectura.
No esquives sus resplandores.
Procura que sus fulgores
brillen en ti sin cesar.
Y verás toda tu vida
ricamente bendecida,
hasta el celestial hogar.

ALEGRIA

Alegría hay en las calles;
en los montes; en los prados.
Alegría hay en los valles
y hasta en lugares aislados.

Todo el mundo está contento
porque llegó Nochebuena,
y en medio del sufrimiento
parece menor la pena.

Los hogares se engalanan
con adornos especiales.
Grandes y chicos, proclaman
con villancicos geniales,

La historia más bella y Santa
que es causa de su alegría;
Por lo que gozoso canta
al Señor en este día.

Y aunque muy pocos comprenden
el alcance verdadero,
todos llamados se sienten
a cantar, dando al pandero.

De cualquier objeto raído
se improvisa un instrumento.
Lo importante es hacer ruido.
Manifestar su contento.

La alegría contagiosa
de esta fiesta incomparable,
nos inclina a hacer las cosas
más cariñosos y amables.

Pues nos recuerda el Amor
que Dios nos da a manos llenas.
El Bendito Salvador
que nació en la NOCHEBUENA.

La alegría, hay que mostrarla,
no sólo con ruido y cantos.
También hay que acompañarla
con dignos y nobles actos.

Usemos la Caridad
hacia todos, sin engaños.
Por algo es LA NAVIDAD
la mejor fiesta del año.

NAVIDAD Y VANIDAD

Navidad y Vanidad,
Tienen idénticas letras,
que agudamente penetran
en la viva realidad.

Navidad debiera ser
sencillez; sana alegría...
Mas sólo es algarabía,
mucho jolgorio y placer.

En vez de recogimiento
y gratitud al Señor,
se celebra sin fervor
el Divino nacimiento.

«Mucho ruido y pocas nueces»,
en lenguaje popular.
No es forma de celebrar
el culto que Dios merece.

Los que a la mesa se sientan
ante los ricos manjares,
no piensan en los millares
que hoy con nada se alimentan.

No se acuerdan del Dios Santo,
ni le dan gracias siquiera.
Cogen una borrachera
mejor que un sencillo canto.

También hay, quien religioso
acude al templo este día,
pero en saliendo, se olvida
del Dios Todopoderoso.

Hay que estrenar el abrigo...
Seguir el ritmo mundano...
Presumir de «buen cristiano»...
Darse postín entre amigos...

Se cuida más la apariencia,
que lo fiel y verdadero.
El hombre ya no es sincero
ni con su propia conciencia.

¿Esta es la fiesta sagrada
que proclama este gran día...?
Eso es, sólo hipocresía,
Vanidad bien disfrazada.

Vanidad de vanidades,
como dijo Salomón.
Sólo con el corazón
se viven las Navidades.

Lo aparente, es falsedad.
El gozo empieza por dentro.
Y éste es el fiel sentimiento
de la Santa Navidad.

NAVIDAD ES

Navidad es bella Aurora.
Más dulce que un caramelo.
Es un regalo del cielo
para el alma pecadora.

Es, el Mensaje Divino
que Su Amor nos manifiesta.
Es la más hermosa fiesta
que halla el hombre en su camino.

Al final del calendario
llega, gozosa y sencilla,
colmada de maravillas,
con la fe por escenario.

Navidad es Esperanza
de perdón y eterna vida.
Es Dios que al hombre convida.
Feliz Bienaventuranza.

Es, un bello amanecer.
La Luz del más claro día,
que empieza con la alegría
del que nos vino a traer,

Su LUZ que al mundo ilumina.
Su Amor que nos limpia el alma.
Su PAZ que nos da la calma.
¡MISERICORDIA DIVINA...!

Navidad es como un río
con su caudal delicioso.
Dios puede hacer muy dichoso
a tu corazón y al mío.

Es, como la primavera
que llena el campo de flores.
Es, guirnalda de colores.
El gozo que el alma espera.

Navidad es la dulzura.
Con ella Cristo aparece
y un nuevo día amanece
lleno de especial Ventura.

Oasis para el cansado.
Manantial para el sediento.
Desde este feliz momento
Dios se ha puesto a nuestro lado.

Así es la Navidad,
Y así el Dios que nos la envía.
Un preludio de alegría
y eterna felicidad.

VIENEN LOS MAGOS

Hacia Belén van los Magos
presuroros y contentos.
Aunque tienen gran premura,
su dócil cabalgadura
los lleva a pasito lento.

Vienen buscando al Mesías
desde un país muy lejano,
porque con gran alegría
hallaron la profecía
en sus secretos arcanos.

Vienen con ricos tesoros
que de su patria han traído.
Mas no hay orgullo en su ofrenda;
sólo gratitud, y en prenda
del favor que han recibido.

Anhelan pronto mirar
a tan excelsa criatura.
Poder a Cristo adorar,
y a su tributo entregar
a un Rey de tan gran altura.

Una estrella les conduce
ante el Rey de tierra y cielo.

Y al fulgor de aquella estrella,
contemplan la imagen bella
que los llena de consuelo.

Fue muy largo su camino.
Mas, ante un fin tan hermoso,
se sienten recompensados,
porque han visto y adorado
a su Redentor Glorioso.

Su ofrenda, aunque rica y bella,
la encuentran pobre y mezquina.
Su rico don terrenal,
no se puede comparar
con la Clemencia Divina.

Pero allí están, humillados.
Contentos y agradecidos.
Como ejemplo consumado
de un corazón perdonado
ante quien lo ha Redimido.

LO QUE DESCENDIO

Lo que descendió con Cristo
la noche de Navidad,
Es lo que Dios ha provisto
En bien de la humanidad.

Descendió, el Amor divino
En El personificado.
Amor, que cambia el destino
Del hombre por él salvado.

Descendió, la Paz preciosa
Que el hombre busca y no halla.
Paz viva... ¡Maravillosa!
No una tregua en la batalla.

Descendió el gozo inefable
Para el triste y abatido.
La alegría indescifrable
Del corazón redimido.

También descendió la Luz.
Cristo es el claro lucero,
Que de Belén a la cruz
Nos muestra un nuevo sendero.

Descendió con el Mesías
Para el mundo Salvación
Dios hecho hombre, venía
a ofrecernos su perdón.

Al mundo, bajó un jardín
de florecientes virtudes;
De bendiciones sin fin
Para ti, si a El acudes.

Toda esta gran Bendición
Que con Cristo descendía,
Buscando está un corazón
Donde morar noche y día.

No desprecies Su consuelo.
Si le abres de par en par,
Descenderá el mismo cielo
Para hacer nido en tu hogar.

BONA TARDA

Bona tarda, senyors meus.
Estic com un muxunet,
Tremulant de cap a peus,
I no és pas que tingui fred.

Sóc molt curta de memòria.
No sé gaire recitar;
Mes tinc qu'explicà una història
I no sé com començar.

Es quelcom que sap tothom;
Encar que no gaire bé.
Avui canta tot el món
Però no saben per què.

Diuen coses molt boniques
Que han après, o que han sentit,
Però, lo que significa
No els i surt de dins del pit.

No saben qu'allà, a Betlem,
Jesucrist, nostre Senyor,
Va obrir les portes del cel
Perquè entrés el pecador.

No veuen la veritat.
Que Déu els vol; que els estima;
I viuen la vanitat
D'una falsetat tan fina.

Que es trenca a cada moment
Perquè no té consistència.
Com un vidre transparent
A on dorm la seva conciència.

Déu no ens vol castigar.
Al revès; tot lo contrari.
Vol fer el nostre caminar
Més feliç que un millionari.

Sense fer cap distinció,
Crist ens dóna el seu regal,
Amb la seva Salvació,
Que és el tresort de Nadal.

Ja i acabat, senyors meus.
Ja i arribat al «AMEN».
Sols em resta dils'hi ADEU,
I fins un altre moment.

CANTARES NAVIDEÑOS

Cantares navideños.
Pregón de la alegría.
Los rostros muy risueños
se muestran este día.

Guirnalda de canciones,
hermosas todas ellas,
que expresan emociones
y muchas cosas bellas.

Pero hay en sus cantares
un contraste evidente.
Sus cantos, son primores,
pero ellos no los sienten.

Proclaman la belleza
de este día sagrado,
mas no viven la fuerza
de haberlo comprobado.

No ven el Nacimiento
de Cristo, en su memoria.
Lo cantan, porque es cierto
según dice la historia.

¡Cuán distinto y hermoso
es, que un ser redimido
a Dios cante gozoso
porque está agradecido.

Su canción, triunfadora
se eleva hacia la altura,
pues ve en Jesús, la Aurora
de su eterna Ventura.

El mérito agradable
se encuentra en la intención;
que a Dios hay que alabarle
con alma y corazón.

Después de estas razones,
permite mi osadía...
¿Qué tal son tus canciones
en este Santo día?

¡SI SUPIERA CANTAR!

Si yo supiera cantar
igual que los angelitos,
no pararía de dar
gracias al Señor Bendito.

Y nunca me cansaría
de entonar bellas canciones
al buen Dios, que nos envía
sin cesar sus Bendiciones.

Pues siento agradecimiento
y no puedo estar callada,
aunque no tenga talento
ni una voz privilegiada.

No puede permanecer
la gratitud escondida.
Mi alma, con gran placer,
canta al autor de la Vida.

Dios no merece el olvido
de los seres que ha creado.
Su Amor, tan sublime ha sido,
que es un horrible pecado

Mirar con indiferencia
tanta Bondad y ternura.
Hay que avivar la conciencia;
y mirando hacia la altura,

Alabarle humildemente,
a través de una canción.
Dios lo acepta complaciente
cuando canta el corazón.

Aunque de forma sencilla,
cante nuestro amor filial,
ante la gran maravilla
de un Amor tan especial.

HACIA BELEN

Hacia Belén, los pastores
caminan alegremente
con la ilusión encendida,
porque el Señor de señores
ha nacido humildemente
para darles paz y vida.

No se han parado a pensar
que pueden ser engañados,
víctimas de su ilusión,
y corren a comprobar
lo que tanto han esperado
y ansiaba su corazón.

Cuando el ángel les hablaba
de que en Belén les nacía
el Mesías Salvador,
su corazón no dudaba,
porque al fin aparecía
Su caudillo Redentor.

Que al igual que el gran Moisés,
de Egipto libró a su pueblo
de aquel Faraón tirano,
los libre a ellos también
que sufren el atropello
del duro yugo romano.

Por eso, sin titubeos
a Belén van presurosos
en busca del Don Divino.
Van a expresar sus deseos
al Dios Todopoderoso
regidor de su destino.

¡Oh alma...! Tú que el mensaje
del Señor has recibido
al igual que los pastores,
Reacciona con coraje,
Corre a Cristo decidido,
y El quitará tus temores.

Porque en tu vida, también
hay tinieblas y hay escorias,
hay mundana esclavitud.
Vamos juntos a Belén.
Allí empieza la victoria
que Cristo ganó en la cruz.

ARRIBA LOS CORAZONES

Arriba los corazones
que estamos de enhorabuena
Dios derrama a manos llenas
al mundo sus bendiciones.

El hombre que no podía
mirar a la eternidad
con ilusión, pues vivía
sumiso en la oscuridad,

Ahora puede cantar
porque se ha solucionado
su problema del pecado
que lo hacía naufragar.

En Belén apareció
como un niñito inocente
el Dios vivo, el omnisciente,
que a tal punto se humilló,

Porque es amor en esencia,
y no podía sufrir
ver al hombre sucumbir
por una desobediencia.

Con su gloriosa venida
nos trajo un rayo de luz.
Como símbolo, una cruz.
Como bandera, su vida.

Con su humilde nacimiento
venció a Satán y a la muerte.
Con El, cambió nuestra suerte
desde aquel mismo momento.

Ahora podemos mirar
al futuro sin temores.
El jardín ya tiene flores.
El alma puede cantar.

Dios redujo nuestra pena
con muy brillantes razones.
Arriba los corazones,
que estamos de enhorabuena.

ES NATURAL

Si en la Nochebuena
sientes alegría;
Si su fiel recuerdo
te produce paz,
Es la consecuencia
de este Santo día.
Es, que nuevamente
llegó Navidad.

Si sientes deseos
de ser más honrado
De hacer algo noble,
con sincero amor,
Es, porque el recuerdo
del día sagrado
te impulsa a lo bello.
Al Dios creador.

Si a cantar gozoso
se inclina tu alma
canciones que alaben
el Don Celestial,
No frenes tu impulso
y canta algo hermoso;
siendo Nochebuena
es lo natural.

Todo en este día
respira belleza;
Y en muchos lugares,
para ser más pura,
Se ha comprometido
la Naturaleza,
enviando en la nieve
su blanca frescura.

Nobles sentimientos.
Cantares del alma.
Acciones más buenas.
Más sinceridad...
Son el fruto Santo
de la Nochebuena.
Es, como una Aurora
De Amor y de Paz.

APARIENCIAS

Cuando en los umbrales
de la Nochebuena
alegres resuenan
hermosas canciones
se nota un contraste;
un triste vacío.
Hay desdén y frío
en los corazones.

Enjambre armonioso.
Bello colorido.
Es hermoso el ruido
de la Navidad.
Mas dentro en el alma
todo es diferente.
Se arrastra la gente
sin amor ni paz.

Si Dios vino al mundo
fue por darnos vida.
En tu alma rendida
déjale nacer.
La paz verdadera
sólo se consigue
cuando Cristo vive
dentro, en nuestro ser.

No sigas viviendo
sólo de apariencias.
Oye en tu conciencia
la voz del Señor.
Vive noblemente
sólo realidades,
y las Navidades
gozarás mejor.

EL PRIMER LUGAR

¿Por qué, de las fiestas
que hay durante el año,
Navidad ocupa
el primer lugar...?
Por ser la más bella.
Por ser la más noble.
Y el hombre la escoge
fiesta del hogar.

Es, por el mensaje
de Paz que atesora.
Es, porque fue un ángel
su gran Emisario.
Es, como el lucero
que anuncia la Aurora.
La última que brilla
en el calendario.

Tiene una alegría
viva, contagiosa.
Ni el fusil descarga
su mortal veneno.
Hay tregua en las guerras;
Y su paz gozosa
impulsa a los hombres
a hacer algo bueno.

El hogar se adorna
con un lindo abeto.
Se cuelgan guirnaldas
de hermoso color.
En todos influye
como un amuleto.
¡Qué hermosa es la fiesta
de nuestro Señor...!

De todas las fiestas
que al año se hacen,
no hay otra que tenga
tanta intimidad.
Por eso hay motivos
para que la ensalcen,
proclamando unidos:
¡FELIZ NAVIDAD!

LLEGO LA NAVIDAD

Llegó la Navidad, la fiesta hermosa,
que para el alma es como un dulce beso.
Sedante en la política nerviosa.
Descanso entre la prisa y el progreso.

Llegó la Navidad, y con su encanto,
las calles se engalanan e iluminan.
En todas partes suenan bellos cantos.
Manjares y champán se compaginan.

Llegó la Navidad, con su mensaje
de amor y Salvación para el perdido.
Dios habla al corazón, en su lenguaje,
y el hombre no se da por aludido.

Llegó la Navidad. Llegó con ella
la Paz, al pecador que se arrepiente.
Quien busca al Dios de Amor, verá la estrella
que vieron los tres Magos del Oriente.

Llegó la Navidad, con su alegría.
Llegó la Navidad, sencilla, pura.
Llegó, y en mi alma Cristo renacía,
llenando mi existencia de hermosura.

ESPEJISMO NAVIDEÑO

Llega nuevamente la fiesta bendita.
Brillo hay en las calles y gran resplandor.
Dentro, en los hogares, su ambiente palpita.
Todo se engalana de luz y color.

Hasta las personas parecen más buenas.
Muestran más cariño, más esplendidez;
como influenciados por la Nochebuena,
que a todos cautiva por su sencillez.

Mas su brillo externo, es fugaz apariencia.
Tanta luz por fuera, y el alma sin luz.
Hacen mucho ruido, pero en sus conciencias
no aceptan a Cristo ni Su Obra en la Cruz.

Es, como espejismo en el gran desierto.
Un sueño en la feria de la vanidad.
Siguen los mortales su camino incierto,
sin gustar la esencia de la Navidad.

Aunque todo el mundo sus cantos entona.
Aunque buenas obras se suelen hacer,
sólo es Navidad en aquella persona
que en su corazón deja a Cristo nacer.

LA VERDADERA CANCION

¿A quién se canta en la Nochebuena...?
¿A quién expresa el hombre su anhelo...?
Cantan de dulces, cantan de cena,
Cantan de todo, menos del Cielo.

Dios, raramente surge en sus cantos,
y si lo nombran, sin reverencia.
Mencionan hechos Divinos, Santos,
menospreciándolos sin conciencia.

Cantan de un niño que está en Belén,
mezclando historias sensacionales.
Cosas extrañas, que ni ellos creen,
pero que encuentran originales.

Lo verdadero dejan a un lado.
Hacen servir la imaginación;
Y aquello mismo que han ideado
lo creen más digno de su atención.

Más que expresiones de su alegría
siguen la moda... Son las canciones
que todo el mundo canta estos días,
Es, la gran juerga de los glotones.

Quitan el alma y ponen la mente;
Y así no pueden participar
del gozo y paz que un cristiano siente
cuando hacia el cielo va su cantar.

¿No veis acaso, que esas canciones
ridiculizan al Dios de Amor...?
Dejad que canten los corazones
la bella historia del Salvador.

DIOS CON NOSOTROS

¡Cuántas maravillas Navidad encierra!
Llena está su historia de santo placer.
Dios, dejando el cielo, desciende a la tierra
para rescatarnos de infernal poder.

Se descorre el velo de lo misterioso.
Dios se ha revelado a la humanidad.
Ya se ve del cielo el paisaje hermoso.
La Divina aurora de Amor y de Paz.

Es Dios que se acerca hacia los mortales
para redimirnos, para darnos Vida.
Con Cristo descienden dones celestiales.
Ricas Bendiciones. Goces sin medida.

Uno de los Nombres del recién nacido
es, «DIOS CON NOSOTROS» Divino Enmanuel.
El Dios hecho hombre, el CRISTO, el Ungido...
La dulce esperanza del pueblo Israel.

Lo que por los siglos estuvo vedado,
Cristo lo revela con su nacimiento.
Su misión es santa: vencer al pecado,
y a las profecías dar fiel cumplimiento.

Viene a revelarnos cómo es el Dios Padre:
A comunicarnos toda su Bondad.
Viene a demostrarnos su Amor inefable.
La Gracia que empieza con su Navidad.

Las puertas del cielo ya pueden abrirse.
Cristo rompió el muro de separación.
El hombre ya puede a Dios dirigirse,
y a través de Cristo lograr el perdón.

No hay Amor más grande, ni más verdadero.
Es, «Dios con nosotros» viva realidad.
¡Cuántas Bendiciones con El descendieron
en la clara noche de la Navidad...!

¡QUE HERMOSA!

¡Qué hermosa es la historia de la Nochebuena!
¡Qué grata resuena en nuestros oídos!
Es el Evangelio. Son las Buenas Nuevas
para los mortales que estamos perdidos.

alabras de vida, llenas de consuelo.
Cantos que dan Gloria al Santo Emmanuel.
El Amor Divino que desborda el cielo
y llena las almas que creen en El.

Pastores sencillos que acuden gozosos,
buscando promesas que se han realizado.
¿Será acaso un sueño lo que ven sus ojos?
¡Es Cristo! ¡El Mesías! ¡El Dios humanado!

Y la noche oscura deja sus tinieblas,
dando paso al brillo de la Luz Divina.
Por donde Dios pasa, siempre deja huellas.
El camino al cielo Su Amor lo ilumina.

Hasta las estrellas, en este gran día,
brillan aún más fuerte; con fulgor más vivo.
Y una desde Oriente a unos Magos guía,
hasta la presencia del recién nacido.

Dios se manifiesta, y hay que celebrarlo
cantando alabanzas; Honrando al Señor.
Su Santo Evangelio hay que proclamarlo.
Que todos conozcan Su inefable Amor.

Amor hecho carne. Amor que da vida.
Amor que transforma las guerras en Paz.
Por eso mi alma canta conmovida...
¡Qué bella es la historia de la Navidad!

NACE CRISTO

Nace Cristo en un pobre pesebre
de madera, tal vez carcomida,
porque el hombre, al autor de su vida,
no le sabe ofrecer otro albergue.

85

Nace humilde, queriendo mostrarnos,
que no viene a buscar nuestros dones,
sino a darnos en Dios Bendiciones,
y a su eterna morada acercarnos.

Nace el Rey de la tierra y el cielo
sin honores ni pompas reales.
Viene igual que los otros mortales,
precisando cuidado y desvelos.

Nace así, porque busca al perdido,
y con él quiere identificarse.
Siendo Dios, ha querido humanarse,
para ser del que sufre un amigo.

Nace Cristo y la noche rendida,
deja paso a la Aurora del cielo,
Un sin par resplandor corre el velo,
descubriendo la luz que da vida.

Nace Cristo y los ángeles cantan
su canción de perfecta armonía,
dando Gloria al Señor, porque envía
a los hombres Su Paz Sacrosanta.

Nace Cristo, y lo afirma la historia.
No es leyenda ni humana invención.
Y hoy también nace en el corazón
que con fe quiera honrar Su memoria.

UNA BUENA REGLA

Si quieres celebrar la Nochebuena
en paz y con el gozo verdadero,
procura consolar alguna pena.
Haz bien, pero con ánimo sincero.

86

Tal vez algún amigo, o un pariente,
precisa de tu ayuda en este día.
Acude a socorrerle, sonriente.
Ayúdale con noble simpatía.

Tu ayuda es además, como una siembra
que un día segarás, tarde o temprano.
Mas no siembres pensando en la cosecha,
que entonces puede ser el fruto vano.

¡Hay tantos que tu ayuda necesitan!
¡Son tantos los que esperan un consuelo!
Por un poco de amor, ya te acreditan
como un embajador del mismo cielo.

En este mundo lleno de traiciones,
Tan falto de nobleza y caridad,
no hay cosa que más gozo proporcione
que hacer el bien; y más en Navidad.

La esencia de esta fiesta tan hermosa,
es dar alguna cosa con agrado.
Siguiendo la enseñanza venturosa
de Dios, que nos da en Cristo a Su Hijo amado.

Regalo celestial que en este día
celebra con amor el fiel cristiano.
Si Dios nos dio en Jesús paz y alegría,
imita fiel su ejemplo con tu hermano.

LOS PRIMEROS

En la quietud Santa de la Nochebuena,
Mientras Jesucristo en Belén nacía,
Cantos celestiales alegres resuenan,
Y un resplandor fuerte, más claro que el día.

Llega el mensajero que Dios ha enviado
A anunciar que Cristo nos vino a Salvar;
Y son los pastores, los que han escuchado
Esa grata Nueva en primer lugar.

¡Qué gran privilegio! ¡Qué gran maravilla!
No busca a los reyes, ni al rico señor.
El da Su Evangelio a gentes sencillas
Que atentas le escuchan, rindiéndole honor.

Fueron los primeros aquellos pastores
Que a Belén corrieron con fe y gratitud.
Y vuelven a serlo hoy los pecadores,
Que en Dios van buscando perdón y salud.

Jesús no desprecia al rico ni al sabio.
Desecha el orgullo y la falsedad.
Mas todo el que humilde confiesa su agravio,
Lo salva, lo limpia y le da su amistad.

FELIZ NAVIDAD

Otro año la fiesta nos brinda
de la hermosa y feliz Navidad.
Una fiesta tan dulce, tan linda,
y tan llena de felicidad.

Todo un año de espera paciente
y al fin llega, muy fresca y sencilla;
repartiendo un sentir diferente
en el seno de cada familia.

Lleva el gozo, en aquellos hogares
donde juntos se pueden reunir,
y olvidando si existen pesares,
se entusiasma al cantar y reír.

También goza el que tiene fortuna
de abundante y ruidosa expansión,
procurando saciar, una a una
las pasiones de su corazón.

Pero, ¡cuántos habrá en este día
que no puedan reír ni cantar,
porque ahuyenta cruel la alegría
un profundo dolor en su hogar.

Un lugar en la mesa vacío...
Una silla que ayer se ocupó.
Y un mirar de tristeza, sombrío,
por el ser que se fue y los dejó.

Otros, sufren de inmensa pobreza,
pues les falta alimento y abrigo.
En lugar de un cantar, hay tristeza.
De los goces, son, sólo testigos.

Tienen frío y no pueden taparse.
Tienen hambre y saciarla no pueden.
Ven a otros que pueden saciarse
mientras ellos, por falta, se mueren.

Esto ofrece impasible la vida.
Un variado y cruel panorama,
que demuestra que el hombre se olvida
fácilmente de un Dios a quien no ama.

Sólo existe un hogar muy dichoso;
Y éste es, el de un noble cristiano
que confía en su Dios Poderoso,
y abandona su vida en sus manos.

No es preciso tener abundancia.
En pobreza se goza igualmente.
Y es, que ha puesto en su Dios la Esperanza.
El tesoro de su alma creyente.

Navidad, para él significa
el principio de su libertad.
No le importa si el mundo critica.
¿Podrá acaso quitarle la paz...?

Con un trozo de pan solamente
se conforma, y da gracias al cielo.
Lo importante, es el gozo que siente
en Jesús, El Divino consuelo.

El espera en su Patria querida
un hogar de abundancia y de paz,
donde tiene aliciente la vida.
Y donde ha de gozar, sin medida,
en la eterna y feliz Navidad.

DIALOGOS

HONRANDO LA NAVIDAD

(Para 2 niños)

Paco. Caramba, querido amigo.
¿Dónde vas tan sonriente?
Te veo muy decidido.

Carlos. Es que hay motivos, ¿comprendes?
Voy a hacer una tarea
que llena mi corazón
y aunque importante no sea
a mí me hace ilusión.

Paco. ¿De qué se trata?

Carlos. Pues mira.
¿No ves aquí estos paquetes?
Pues son ropas y comida,
caramelos y juguetes.
Los llevo a niños muy pobres
que no lo pueden comprar.
¡Si vieras cómo se ponen
de contentos...!

Paco. No está mal.
¿Pero quién te da el dinero
Para comprar tantas cosas?
Tu padre no es un banquero,

Carlos. Ni yo soy ningún ratero.
Su procedencia es honrosa.
Aunque te parezca extraño,
Son mis ahorros.

Paco. Pues chico,
se precisa más de un año
para hacer un montoncico.

Carlos. Pues eso fue lo que hice
todo el año he estado ahorrando
lo que me dan los Domingos
y así lo he ido juntando.

Paco. ¿Sí? pues vaya sacrificio...
Todo un año sin gastar;
yo no podría soportar
el no hacer ni un desperdicio.

Carlos. Pero al final lo compensa
la enorme satisfacción
que se siente, cuando aceptan
este obsequio.

Paco. Y con razón...
Pues nada más faltaría
tu regalo despreciar.

Carlos. Les causa tanta alegría
que hasta me hacen llorar.

Paco. Eres un chico valiente,
y me siento muy honrado
de ser tu amigo, ¿comprendes?
Y hasta un poco avergonzado.
Por eso imitarte quiero,
y no es porque a mí me sobra.
También yo ahorraré dinero
para hacer esta gran obra.

Carlos. Bien, como ya somos socios,
pues podrías ayudarme.
Vamos a repartir juntos.

Paco. Bien, y así podré entrenarme.
Todo el que quiera hacer algo
que honre la Navidad,
que se acuerde de que hay pobres.
Practique la caridad.

UNA BUENA RAZON

(Diálogo para niño y niña)

Abel. Primita, a ver si adivinas
por qué estoy hoy tan contento...

Leonor. Pues... porque hoy es Navidad,
y en toda la cristiandad
se celebra el Nacimiento.

Abel. Te acercaste un poquitín,
mas no lo has adivinado.
Di otra cosa...

Leonor. ¿No será
que tu querida mamá
todavía no te ha pegado...?

Abel. ¡Vaya...! Cualquiera diría...

Leonor. Veo que no lo adivino,
y me tendrás que ayudar,
porque no me lo imagino.

Abel. Si es muy fácil. La razón,
es que quiero ser más bueno.
¿Es que no has visto el montón
de regalos que tendremos...?
(Señalándolos con la mano):

Leonor. Pero todos no serán
para ti.

Abel. Bueno mujer...
Ya sé que sólo darán
uno por barba.

Leonor. Hoy tendrán
todos los niños placer.
(Al público):
Niños. Viniendo a la escuela
lograréis ser menos malos.

Abel. Aprenderéis cosas buenas,
y tendréis buenos regalos.

UNA BROMA INFANTIL

(Diálogo)

David. ¿Sabes por qué en Navidad
la gente está más contenta...?

Josué. Pues, porque bebe champaña
y vino, más de la cuenta.
Además, come mejor
y hace mucha algarabía.

David. ¿Y tú piensas que el licor
puede causar alegría...?

Josué. Yo he visto, que el que se «empina»
canta...

David. Sí, como una almeja.
¿Y nada más imaginas
en tu abultada cabeza...?
Si es claro como la luz
el motivo de su encanto.

Josué. Pues explícamelo tú,
que al parecer sabes tanto.

David. Si hay bulliciosa alegría
en esta fiesta preciosa,
es porque nació el Mesías
que nos dio su paz Gloriosa.

Josué. Eso... lo sabía yo.

David. Pues eso te preguntaba.

Josué. Yo sé que Cristo nació,
demostrando así, que amaba
al pobre mortal perdido
en corrupción y pecado.

David. ¿Por qué no me has respondido
cuando te lo he preguntado?

Josué. Para gastarte una broma.

David. Ya me extrañó tu ignorancia...

Josué. Hermanito, ¿me perdonas...?

David. Eso no tiene importancia.
Vamos a darle al Señor
la alabanza que merece.
Josué. Porque nos dio un Salvador,
regalándonos Su Amor
que en las almas resplandece.
(Acaban cantando un corito)

PASTORETES

(Diálogo)

Marta. A on vas, pastoreta
de la muntanya?
Olga. Vaig a veure un tresort
més bonic que el sol d'Espanya.
Ha nascut a Betlem
l'esperat Mesias.
Déu, que ve per adonar-nos
Pau, amor i alegria.
Marta. Vols que vingui...?
Olga. Apa, anemi; depreseta
que hi deixat pastorant
a les ovelletas.
Marta. Jo voldria portar-li
algun present
perquè al veuren's, estigui
força content.
Olga. Perquè Ell disfruti força
sense mentida,
donem-li lo més noble.
La nostra vida.
Marta. Anemi allà, pastoreta
Anemi cantant.
Anem com ovelletes
Qui va fer las floretas
s'està esperant.

CANTAN JUNTES:
Infant de Betlem.
Tresort de Nadal.
La joia del cel.
L'estel matinal.
Jo sóc l'ovelleta;
Tú ets el meu Pastor,
La meva animeta
Guardeu-la, Senyor.

ASI TENDRIA QUE SER

(Diálogo)

Niña.   Mamá, ¿por qué en esta fiesta
        todo es tan bello y hermoso?
Mamá.   Porque en ella se recuerda
        el hecho maravilloso,
        de Dios que a la tierra vino
        a salvar a los mortales
        abriendo al hombre un camino
        hacia esferas celestiales.
Niña.   ¿Por qué todo se ilumina?
Mamá.   Porque El es la luz del mundo
        La antorcha clara y Divina
        que nos muestra lo profundo
        del abismo del pecado
        y nos señala la senda
        que en Su Amor nos ha trazado.
Niña.   ¿Y por qué son los manjares;
        los dulces y caramelos?
Mamá.   Es que hoy es el cumpleaños
        de Jesús el Rey del cielo.
Niña.   Ya lo empiezo a comprender.
        Todo lo que hoy se hace,
        sirve para festejar
        al Dios que en la tierra nace.

Las gentes están contentas
porque recuerdan la historia
y en nombre de Dios, celebran
todo esto en su memoria.

Mamá. Así tendría que ser
y sería lo cabal.
Pero hay que reconocer
que no es así. Tiene el mal
más fuerza en los corazones
que la bondad, y en su esfera
gozan de estas ocasiones
sin pensar en Dios siquiera.
Cantan, pero indiferentes;
ríen, mas no agradecidos
al Señor. No son creyentes.
Les gusta el hermoso ambiente
de este día Bendecido.

Niña. Todo esto que dijiste
no es muy bueno, y el Señor
ha de sentirse muy triste,
y causarle gran dolor.

Mamá. Pero el cristiano sincero
sí que goza de verdad.
¡Bendita compensación!

Niña. Abramos el corazón
al Rey de la Navidad.

PERLAS DE LA NAVIDAD

(Diálogo)

Tere. ¿Dónde vas tan sonriente?
José. Es verdad, estoy contento
porque veo que las gentes
celebran el nacimiento
con devoción.

Tere.	Me parece que te cuelas, hermanito, pues no hay muchos que se acuerden del Señor.
José.	Pues te repito, que existen muchas personas con muy buenos sentimientos, que suelen hacer limosnas a los pobres. ¡Qué contentos se ponen al recibirlas...!
Tere.	En parte tienes razón, pero eso que tú me explicas no se llama devoción.
José.	¿Cómo se llama?
Tere.	Bondad. Amor hacia el desdichado. Son, obras de caridad.
José.	Es que al llegar Navidad el mundo se ha mejorado.
Tere.	Es tan sólo un espejismo; aunque produce alegría ver que el hombre se enternece cuando llega este gran día. Pero tú lo has confundido.
José.	Pues explícame mujer el verdadero sentido que aún no logro entender.
Tere.	Devoción, es el anhelo que el alma siente por Dios, que lo hace mirar al cielo en busca de dirección. Es, admitir que debemos todo al Señor en la vida. Consagrar lo que tenemos con el alma agradecida. Ajustar nuestra existencia a Sus Santos Mandamientos.

	Lo demás, es consecuencia
	de su Amor y Su clemencia,
	transformado en sentimientos.
José.	Me dan ganas de aplaudir
	tan hermosa explicación.
	Ya no podré confundir
	el pasajero sentir
	de bondad, con Devoción.
Tere.	Si de buscar al Señor
	sentimos necesidad,
	Dios obra en nuestro interior.
José.	Los frutos que da Su Amor,
	son PERLAS DE NAVIDAD.

UN PEQUEÑO DETALLE

(Diálogo)

Ruth.	¿Qué podríamos hacer
	para honrar al Salvador
	en este sagrado día...?
Eva.	La misma idea tenía.
Ana.	Y yo también, sí señor...
	Pues si los Magos de Oriente
	una ofrenda le llevaron
	y al Mesías adoraron...
Eva.	¿Podríamos llevarle flores...?
Ruth.	La flor, pronto se marchita;
	y además, ¿cómo lo harás...?
	Dios, flores no necesita.
Eva.	Yo las pensaba llevar
	a la Iglesia.
Ana.	Sí señora.
	Esa idea de la flor
	es en verdad muy preciosa,
	y ha de agradar al Señor.

	Mas no en la Iglesia, que allí siempre hay un ramo precioso. Quizás en otro sitio...
Eva.	Sí...
Ana.	Resultará tan honroso.
Ruth.	¡No será en el cementerio...!
Ana.	No seas impertinente: Se trata de algo muy serio.
Ruth.	El que yo esté sonriente no debe darte a entender que me burlaba de ti; Y hasta creo comprender lo que nos quieres decir.
Eva.	Pues explicaos mejor, porque yo no entiendo nada.
Ruth.	Se trata de dar la flor, como un mensaje de amor a alguna necesitada.
Eva.	Creo, que la tal persona, si tan precisada está, mejor agradecerá comida.
Ana.	Muy bien razonas. Mas, si además de comida le das un ramo de flores, nuestro mensaje de amores lo comprenderá en seguida. A veces menospreciamos detalles sin importancia. Una flor, con su fragancia, podría proporcionar una ilusión, un soñar, un mensaje de esperanza. Sabéis que no solamente de pan se vive; en la vida, cosas insignificantes pueden ser muy importantes,

y no es sólo la comida.
Una sonrisa, un saludo,
una flor, una palabra,
son como mensajes mudos
que penetran hasta el alma.

Ruth.   Muy bien dicho. Y no olvidemos,
que ayudando al desgraciado,
es cual si a Cristo lo hacemos.

Eva.   Ahora ya lo veo claro.
Es decir: que si yo diera
un vaso de agua a un sediento,
es como si a Dios lo hiciera.

Ana.   Veo que vas comprendiendo.

Ruth.   Si hago algo noble, en silencio
a mi cuenta Dios lo escribe,
y cuando hago algún desprecio
es Cristo quien lo recibe.

Eva.   Es algo maravilloso.
Ayudando a los demás,
resulta que a Cristo das
y El nos premia bondadoso.

Ruth.   Unamos nuestros caudales
y hagamos nobles acciones,
pues de este modo honraremos
al que dejando los cielos
nos colma de Bendiciones.

BUSCANDO ALEGRIA

(Diálogo)

José.   Amigo, ¿qué estas buscando?

Dani.   Setenta y cinco pesetas
que me han dado de aguinaldo.
A ver si tú las encuentras.

101

José.	Está bien, te ayudaré.
	¿Por dónde se te han caído?
Dani.	Pues la verdad, no lo sé.
José.	¿Pero es que no han hecho ruido
	al caer?
Dani.	Pues no.
José.	No entiendo,
	porque el dinero al caer,
	se oye muy bien.
Dani.	Sí, de acuerdo;
	no sé cómo pudo ser.
José.	¿De verdad las has perdido?
Dani.	Si es que tengo mala sombra...
	Es fácil que no hagan ruido
	al caer sobre la alfombra.
	¿No me quieres ayudar...?
José.	Sí hombre, con mucho gusto.
Dani.	Si no las logro encontrar,
	imagínate el disgusto.
	¡Vaya Navidad me espera,
	sin un duro en el bolsillo...!
José.	Me parece que exageras.
	Como si el dinero fuera
	lo que a esta fiesta da brillo.
	No te faltará comida,
	ni te faltará calor,
	¿qué más quieres...?
Dani.	Tú, enseguida
	te vuelves predicador.
	Si no encuentro mi dinero,
	no me podré divertir.
	¡Luego dices que exagero...!
José.	Y lo vuelvo a repetir.
	En este sagrado día
	hay muy sobradas razones
	para sentir alegría,
	sin juergas ni diversiones.

La alegría que tú buscas
es pasajera y fugaz,
y la Navidad te ofrece
lo que no se desvanece
y llena el alma de paz.

Dani. ¡Chico, qué bien que te explicas!
¿Dónde has aprendido tanto?

José. Voy a un sitio que predican
cosas buenas del Dios santo.
Allí aprendo a comprender
qué es lo más importante
de esta vida.

Dani.   ¿Puede ser
que sean los protestantes?

José. Pues sí, acertaste, allí es.
Pero aunque parezca raro,
yo jamás los escuché
protestar de nada.

Dani.   Claro...
Yo he oído a muchas gentes
hablar bien de esas personas.
Lo que predican, lo sienten.
¿No es así...?

José.   Veo que razonas.
Yo te puedo demostrar
que no son sólo rumores
¿Me querrás acompañar
un día?

Dani.   De mil amores.
Hay un chico en mi colegio
que también va a vuestra iglesia.
Yo le tengo mucho aprecio,
y él, también a mí me aprecia.
Es un muchacho cabal,
que jamás busca peleas,
ni dice palabras feas.
Es prudente y muy formal.

103

José. Eso te está demostrando
       que es cierto cuanto te hablaba.
Dani. Si yo no dudo, al contrario
       que estaba ya deseando
       que alguien al fin me invitara.
José. ¿Ese chico de tu clase,
       ninguna vez te invitó...?
Dani. Pues la verdad es, que no;
       y no es que no lo esperase.
José. Es extraño, porque siempre,
       cuando se sabe algo bueno,
       lo normal es compartirlo,
       darlo a conocer.
Dani.   Ya entiendo.
       Una vez me dio un tratado,
       que lo guardo por aquí.
(Lo busca por los bolsillos de la americana.)
       Ya lo leí y me ha gustado.
José. ¡Ah...! Ya me extrañaba a mí.
Dani. Mira qué suerte, encontré
       el dinero que buscaba.
       Se ve que me lo guardé
       y ahora ya no me acordaba.
       Ten, cinco duros.
José.   ¡Oh, no...!
       Gracias; no los necesito.
Dani. ¿Los desprecias...?
José.   Por favor...
       Te propongo algo mejor.
       ¿Tienes algún amiguito
       que pase necesidad?
Dani. (Piensa) Pues..., seguramente Arturo
       tendrá bastantes apuros.
José. Dáselo a él, y en verdad,
       tendrás de la Navidad
       el gozo más grande y puro.
Dani. ¿Quieres decir...?

José.   Te prometo
que no hay gozo más palpable.
El se pondrá muy contento,
y tú sentirás por dentro
una dicha inexplicable.
Yo te daré un poco más,
y así será algo mejor.

Dani.   Vamos, que quiero gozar
ese aspecto bienhechor
que hasta hoy desconocía.
(Al público):
¿Nos queréis acompañar...?
Mirad si en vuestra alcancía
hay algo con que ayudar.

José.   El gozo de este gran dia
no está en las cosas terrenas.
La verdadera alegría
está en Dios, que nos la envía
al practicar cosas buenas.

SERENATA NAVIDEÑA

(Diálogo para tres jóvenes)

Oliver.   ¿Qué te parece el programa
que tenemos preparado?

Enrique.   Muy bueno, lo que hace falta
es que quede bien.

Oliver.   Pues claro.
Después de tanto ensayar
no creo que fracasemos.

Enrique.   Los nervios suelen jugar
malas pasadas.

Oliver.   Veremos...

Enrique.   Yo encuentro muy lastimoso
que este esfuerzo permanente
no sea más provechoso.

Oliver.   Dímelo más claramente.

Enrique. Lo que estamos preparando
          nos cuesta tiempo y problemas
          tres semanas estudiando,
          luego, un mes siempre ensayando
          y en una hora se quema.

Oliver.   Sí, lo mismo que las fallas
          de Valencia.

Enrique. Parecido...
          Claro, que mientras se ensaya
          resulta muy divertido.

Oliver.   Algo podría idearse,
          en busca de más provecho.

Enrique. Pero habrá que espabilarse
          pues no queda mucho trecho.
          (Pausa.)

Oliver.   Ya está: organizaremos
          una alegre serenata
          y a algunas casas iremos
          cantando.

Enrique. ¿Y dando la lata?

Oliver.   No hombre, no; las canciones
          que tanto hemos ensayado.

Enrique. Por favor, no te emociones
          hay algo que no has pensado.
          ¿Tú crees que nuestros padres
          nos dejarán a esas horas
          ir solos por esas calles?
          Ni lo sueñes.

Oliver.   Pronto lloras...
          Ya lo solucionaremos.
          Tienes que ser más genial.
          Para lograrlo diremos
          que en esta noche tendremos
          el ensayo general.

Enrique. Pero eso es un engaño.

Oliver.	¿Y qué? No tiene importancia, y con ello no hacemos daño.
Azucena.	(Ha llegado sin ser vista.) Pues vaya una circunstancia.
Enrique.	¡Vaya susto...!
Oliver.	Hola, amiga, no te hemos visto llegar.
Azucena.	Yo sí he podido escuchar lo que acabáis de decir.
Enrique.	¿Sí? Pues di, ¿qué te parece?
Azucena.	Humillante y vergonzoso.
Enrique.	Yo no apruebo...
Azucena.	Me entristece que no seáis más juiciosos. ¿No crees que es algo horrendo celebrar la Navidad de Cristo que es la verdad, con mentiras?
Oliver.	Te comprendo, tienes toda la razón perdona mi ligereza pero di, ¿qué solución se te ocurre?
Azucena.	En mi cabeza tengo una idea preciosa que puede solucionar de una manera juiciosa vuestro problema. Escuchad. Sabéis que la juventud. sale alegre en este tiempo llevando rayos de luz a quien falto de salud no puede venir al Templo. Pues vosotros podéis ir cantando vuestras canciones y entre todos conseguir alegrar los corazones.

Oliver. Y entonces nuestros papás
no pondrán inconvenientes.
Enrique. Bien pensado.
Azucena. Ya verás
el gozo que siente.
Enrique. Venga, manos a la obra,
que no hay tiempo que perder
yo haré los preparativos
y tú avisa a los amigos
de lo que habremos de hacer.
Azucena. Así me gusta, que obréis
con toda sinceridad.
que en todo, siempre dejéis
el sello de la verdad.
Un cristiano que suspira
por un carácter celeste
ha de huir de la mentira
como si fuera la peste.

ENCUESTA

**(Diálogo para niños y niñas. Una de ellas mayor,
para el papel de Maestra.)**

Maestra. Vamos a hacer una encuesta
y me habréis de responder
lo que esta importante fiesta
representa en vuestro ser.
A ver, Encarnita, dime,
¿qué es para ti Navidad?
¿Cómo crees que debería
celebrarse?
Encarna. Pues..., verá...
Navidad es, alegría.
Juerga sin aburrimiento
Yo una multa le pondría
al que hoy no viva contento.

Maestra.	Se respeta tu opinión,
	pero creo que el jolgorio
	no es la mejor solución.
Encarna.	¿Qué prefiere, un velatorio?
Maestra.	Vamos a ver tú, Pilar,
	¿qué es Navidad en tu vida?
Pilar.	Un exquisito manjar
	con suculentas bebidas.
	En este día precioso
	no ha de faltar en la mesa
	un buen plato apetitoso
Maestra.	¿Toda tu opinión es esa?
Pilar.	Sí, señorita; yo creo
	que eso es lo más importante.
Maestra.	Tu fiesta, por lo que veo,
	es para el vientre. Adelante...
	Bien, Ramón; dime tú ahora
	¿qué es para ti Nochebuena?
Ramón.	Pues, la fiesta del hogar.
	la más hermosa y más buena.
	Es el día en que se juntan
	las familias distanciadas
	y alegremente disfrutan
	en esta fiesta sagrada.
	Es la ocasión especial
	para el que vive alejado
	de los suyos.
Maestra.	No está mal,
Ramón.	¿Mi parecer, le ha gustado?
Maestra.	Está bien, pero aún es pobre,
	hay cosas más esenciales.
Ramón.	Toma; si nos toca el gordo,
	entonces son especiales.
Maestra.	Bueno, ahora tú, Vicente.
	¿Qué opinas de Navidad?
Vicente.	Que es un motivo excelente
	para obrar la caridad.

Hay muchos necesitados
y muchos sin alegría.
Ayudarles con agrado
es deber de este gran día.

Maestra. ¿Nada más?

Vicente. Bueno, también,
no hay que dar de lo que sobra,
eso no estaría bien.

Maestra. Tu opinión son buenas obras.
Buen sistema, aunque estimo
que no es del todo completo.

Vicente. Ahora le toca a mi primo.

Maestra. Bien; pues responde, Aniceto.

Aniceto. Yo he oído a mis mayores
que es bueno hacer abstinencia
privarse por ser mejores.
Por asuntos de conciencia.
Sacrificar los impulsos
humanos y el corazón
doblegarlo hacia el estudio
y hacia la meditación.

Vicente. Eso es yoga.

Maestra. Yo diría
que eso que ahora está en boga
es vieja filosofía
que está imponiendo la moda.
Ahora sólo falta Ruth.
Danos tu opinión.

Ruth. Qué extraño.
Nadie ha nombrado a Jesús,
y eso que es su cumpleaños.
Yo opino que en Navidad
hay que dar gracias al cielo
porque de él bajó el consuelo
de la pobre humanidad.
Si Dios tomó forma humana
y nació humilde en Belén

hemos de darle las gracias
pues nos trajo paz y bien.
Es fiesta de regocijo
porque Dios vino a salvarnos
Si El nos dio Su amado Hijo
pues debemos alegrarnos.
Ese gozo colectivo
puede ser muy familiar
al lado de un buen manjar
mas no olvidando el motivo
de esta fiesta sin par.
No olvidándonos tampoco
de los pobres desdichados
que no están como nosotros
ante una mesa sentados.
Ayudarles por amor
siguiendo al Divino ejemplo.
Después acudir al templo
para adorar al Señor.
Esta es mi opinión formal.
Dios haga que vuestra sea.
No olvidéis lo principal.
Cristo, buscando al mortal
nació en Belén de Judea.
(Todos aplauden.)

Maestra. Sin duda, esta es la opinión
más buena que hemos oído.

Encarna. Gracias por tu explicación.

Pilar. Muy bien; nos has convencido.

Ramón. Queremos acompañarte
al lugar donde aprendiste
estas cosas tan hermosas.

Vicente. ¡Vaya lección que nos diste!

Aniceto. Después de lo que dijiste
Navidad es más hermosa.

Ruth. Me siento muy satisfecha
y a la vez emocionada

111

porque en esta hermosa fecha
he sido por Dios usada
para mostrar el camino
de la vida celestial,
y otros más vendrán conmigo
a la Escuela Dominical.
(Al público):

Maestra. Prosiguiendo nuestra encuesta,
os queremos preguntar,
para que deis la respuesta
en lo interior. De verdad.
Responde, ¿qué representa
para ti la Navidad?

LA LLORONA

(Toman parte tres niños)

Adela. (Desde el interior): ¡Ay..., ay..., ay...!
(Aparecen Julio y Luis, después Adela.)

Julio. Chica..., ¡vaya un griterío...!
¿Puedo saber qué te pasa?

Adela. ¡Ay..., ay...!

Julio.   No será por frío...

Luis. Es más blanda que una pasa.
¿Pero es que acaso no sabes
que hoy es pecado llorar?
Es un pecado muy grave...

Adela. Lo ha dicho el sabio.

Julio.   A callar.
No empecéis con tonterías,
y explica qué te ha pasado.

Adela. Que entre mi madre y mi tía
una paliza me han dado.
Seguro que algo me han roto,
porque tengo unos dolores...
¡Ay..., ay..., ay...!

112

Luis.   ¡Vaya alboroto!
Julio. Por favor, mujer, no llores
Luis. Déjala, si es de su agrado,
que desahogue su tristeza.
Como hoy llorar es pecado,
si muere, por descontado,
va al infierno de cabeza.
Julio. ¿Quién te ha dicho
semejante tontería...?
Luis.   Pues mi abuela,
y mi tío el comerciante.
Julio. Me parece que te cuelas.
Hoy es un día especial,
que el mundo entero celebra,
pero también es normal,
lo mismo que otro cualquiera.
Hoy habrán muchos que lloren
por causas justificadas,
y otros que rían y gocen.
Luis. ¿Y no les pasará nada
a los llorones...?
Julio.   Bien veo
que te has dejado enredar;
Y no digo que tu abuela
te haya querido engañar,
pero eso son tonterías,
cosas de pueblo anticuado.
Luis. Pues mira, yo lo creía...
(A Adela): ¿Se te pasó ya el enfado?
Adela. Si yo no estoy enfadada;
lo que estoy, es dolorida.
Julio. ¿Qué es lo que hiciste?
Adela. ¿Yo...? Nada...
Luis. ¿La paliza...?
Adela.   Una bobada...
totalmente inmerecida.

113

Julio.   Si nos quieres explicar
         de una vez lo que pasó,
         podremos mejor juzgar
         si la mereciste, o no.

Adela.   Mi tía me dio un paquete
         y mi madre unos dineros
         para unos pobres, ¿comprendes?
         Y se ve que algún pillete
         me los quitó. ¡El muy ratero...!

Luis.   ¿Cómo dices...?

Julio.   Me parece
         que nos estás engañando.

Adela.   Es verdad... Podéis creerme...

Julio.   Y tú, ¿dónde estabas?

Adela.   Jugando.

Luis.   ¡Vaya con la recadera...!

Adela.   Es que encontré a mi vecina,
         y para jugar con ella
         dejé el paquete en la esquina.
         Cuando volví, ya no estaba;
         ya me lo habían robado.

Luis.   ¿Por qué no fuiste primero
         a realizar el recado?

Julio.   ¿Ves...? Por ser desobediente,
         varios males has causado,
         pues aquellas pobres gentes
         se han quedado sin regalo.

Luis.   Y ganaste una paliza
         con mucho merecimiento.

Julio.   ¿Dices que esta circunstancia
         no tiene mucha importancia?

Adela.   ¡No sabéis cuánto lo siento...!
         Para enmendar mi torpeza,
         mis ahorros sacaré
         y los llevaré a esas gentes.

Luis.   Yo también te ayudaré.

Julio. Entre los tres, les haremos
un paquete a esos señores,
y juntos lo llevaremos.
Adela. Y no nos entretendremos,
para evitar más dolores.
(Al público):
Luis. Mucho pierde en esta vida
todo el que desobedece.
Adela. Y el que esa falta utiliza,
ganará una gran paliza
como la que a mí me escuece.

EL CONCURSO

(Diálogo)

Cuatro niños estudian en sus Biblias. Entra la madre de uno de ellos y se extraña de tanto silencio.

Madre. ¡Caramba..., qué silenciosos!
Luis. Madre... Vaya, por favor,
no interrumpas.
Madre. ¡Qué estudiosos...!
Luis. ¿Acaso no es lo mejor...?
Tú siempre dices...
Madre. Y es cierto!
no hay como ser aplicado,
sólo que me extraña veros
un momento tan callados.
Elías. Yo le diré la razón.
En la Escuela Dominical
hay una competición.
Pedrín. Un concurso...
Elías. Es igual,
el caso es que hay que estudiar
para poder competir.

Abel. Y no podemos jugar
si lo queremos ganar.

Luis. Yo les invité a venir
a casa, como hace frío...
y aquí estudiar todos juntos.

Madre. Hiciste bien, hijo mío.
Mas, ¿de qué se trata el concurso?

Pedrín. Pues verá: al nacer Jesús
sucedieron muchas cosas,
unas llenas de virtud,
otras malas y penosas.
Tenemos que averiguar
lo que en Navidad pasó,
para poder contestar
cuando nos pregunten.

Madre.   Yo,
os dejo aquí estudiando
en esta idea estupenda.
Estudiad, que mientras tanto
prepararé la merienda.

Abel. ¡Olé, olé...!

Elías.   Ya salió
el tragón del grupo.

Abel.   Mira...
¿Es que a ti no te gustó
la idea de la comida?

Madre. Bueno dejad las cuestiones
y estudiad tranquilamente.

Abel. Venga, a estudiar campeones,
que luego hay que hincar el diente.

Marcha la madre. (Hay una breve pausa.)

Elías. ¿Qué os parece si ensayamos
con preguntas y respuestas?

Pedrín. Muy bien, y así comprobamos
si está la mente dispuesta.

Luis. Por mí, podéis preguntar...

Abel.	Y por mi parte, aprobado. Tanto tiempo sin hablar me resulta muy pesado.
Pedrín.	¿Quién preguntará...?
Elías.	Pues todos por turno preguntaremos. Las respuestas, de igual modo todos las contestaremos.
Luis.	Bien, pues empieza tú, Elías.
Elías.	Bueno, empecemos, señores, (A Luis): ¿Qué virtud destacarías de los sencillos pastores?
Luis.	Pues, creo que... la obediencia. A pesar de no entender aquel misterio especial, se prestan a obedecer el mensaje angelical.
Elías.	¿Y tú, Pedrín?
Pedrín.	Yo destaco su fe y su devoción, pues creyeron y adoraron a Jesús en el mesón.
Abel.	Y a la virtud de dejar el rebaño abandonado, ¿qué nombre se le ha de dar? Porque los lobos malvados se las podían matar.
Elías.	¡Cuántas cosas estupendas nos enseñan los pastores...!
Abel.	¿No estará ya la merienda...?
Elías.	Tú no tendrás nunca enmienda.
Abel.	¡Es que siento unos olores...!
Pedrín.	Ahora yo preguntaré sobre la virgen María. (A Luis): Dime una virtud.
Luis.	La FE. La forma que en Dios confía.

Cuando el ángel le promete
que de Dios fue la elegida,
con actitud reverente
se somete humildemente
a la Voluntad Divina.

Pedrín. Muy bien. ¿Y algo más?

Elías. Yo admiro
su sencillez y humildad.
Dios la había enaltecido,
y a ese honor tan distinguido
no le dio publicidad.

Abel. A mí también me complace
su hermosa resignación,
cuando ve que su hijo nace
en la cuadra de un mesón.

Luis. Aún quedan muchos detalles
que honran a esta gran mujer,
pero hay más personajes...

Pedrín. Bien: pregunta...

Luis. Vamos a ver:
De los tres magos de Oriente,
¿qué me podríais decir?

Elías. Muchas cosas importantes

Luis. (A Pedrín): Pues empieza a describir.

Pedrín. Cuando les fue revelado
que el Hijo de Dios nacía,
emprenden emocionados
un viaje largo y pesado
por rendirle pleitesía.

Elías. Si viajaban en camellos,
¡vaya una jornada larga...!

Luis. ¿E iban sus pajes con ellos?

Elías. ¿Qué llevaban en su carga?

Abel. Además de los regalos,
bien seguro, que comida.
¡Para un viaje tan largo...!

Luis. Eso a ti no se te olvida.

118

Abel. Decís que soy un tragón,
mas si tuviérais que hacer
un viaje hasta el Japón,
¿pasaríais sin comer...?
Pedrín. ¡Vaya ocurrencia...!
Elías. Muchachos,
dejemos a este tunante
y sigamos preguntando
de lo que es más importante.
Abel. Ahora me toca a mí.
¿Qué decís del rey Herodes?
Luis. Bien podrías elegir
otro mejor.
Abel. Los peores
también ocupan la historia
de Navidad.
Elías. A pensar.
De todo hay que hacer memoria,
si es que queremos ganar.
Pedrín. ¿Y qué virtud puede hallarse
en un ser peor que el veneno?
Luis. En este cruel personaje
yo no encuentro nada bueno.
Abel. Pues decir de él todo el mal
que recordéis.
Pedrín. Imposible...
Era un sujeto infernal.
Luis. Asesino...
Elías. Criminal...
Pedrín. Traidor...
Luis. Brutal...
Elías. Tan terrible,
que queriendo aniquilar
al Hijo de Dios Viviente,
no dudó en asesinar
a criaturas inocentes.

Abel.   Se ve que hemos estudiado.

Pedrín.   Ahora, a esperar la contienda.

Abel.   Oye, Luis, ¿habrá preparado
          tu madre ya la merienda...?

Elías.   ¡Vaya descaro...!

Luis.   Iré a ver.

(Va a salir, pero en ese instante llega la madre.)

Madre.   Qué, muchachos, ¿cómo ha ido
          el estudio?

Pedrín.   ¡Oh, muy bien!
          Bastante hemos aprendido.

Luis.   ¡Si pudiéramos ganar
          el concurso!

Elías.   Lo importante
          es competir, estudiar,
          aprender y alimentar
          el corazón y la mente.

Madre.   Chicos, estoy admirada
          con este razonamiento.
          (A Luis): Tú, con estos camaradas
          debes estar muy contento.
          Me alegro que hayáis venido;
          sois unos chicos muy buenos.

Abel.   Yo soy aún mejor chico
          con el estómago lleno.

Madre.   Tienes razón, si venía
          a ver si habíais terminado,
          para si alguno quería
          merendar.

Abel.   Por descontado.

Pedrín.   Siempre te has de señalar. Parece que
                              [estés hambriento.

Madre.   ¡Ea...! Vamos a merendar.

Elías. Mejor es el alimento
que hemos tomado estudiando
la Palabra de Verdad.

Luis. Bien, pues marchemos cantando
las glorias de Navidad.

Acaban cantando la estrofa de un himno navideño.

EL CALOR DEL TEMPLO

(Diálogo)

Leo. ¿Dónde vas tan decidido?

Juan. Voy al templo del Señor.

Leo. ¿Por qué no vienes conmigo?
y estarás mucho mejor.

Juan. Lo dudo.

Leo.   No seas tonto
Hoy hace un frío que pela
y apetece estar en casa
junto a una buena candela.
Allí nos distraeremos
con muchas cosas hermosas
También algo comeremos.
¿No te apetece esta cosa?

Juan. Prefiero ir a la Iglesia.

Leo. Son ganas de pasar frío.
Yo también soy un creyente
y encuentro que es más prudente
seguir el ejemplo mío.
Si cada año es igual.
Cantar las mismas canciones;
Oír los mismos sermones
sé juicioso...

121

Juan.   Y tú formal.
Nunca pensé que sintieras
tan poco agradecimiento
hacia Dios. Más bien presiento
que has hablado a la ligera.
Dices de quedar en casa
por temor a constiparnos,
y el Señor dejó la suya
para venir a Salvarnos.
Si Dios es tan santo y bueno
y lo demuestra con creces,
no es justo que hoy le neguemos
el culto que se merece.
Así que vente conmigo
al templo con ilusión.
Allí está el mejor abrigo
que calienta el corazón.

Leo.   Estoy muy avergonzado
tienes razón, lo comprendo,
y me voy contigo al templo
aunque pesque un constipado.
Quiero dar gracias a Dios
por su hermoso nacimiento.
Dejando el cielo, logró
que yo viviera contento.

Juan.   Si un cristiano en este día
no sienta necesidad
de al templo santo acudir
no podrá nunca decir
que celebra Navidad.

PERSONAJES
DE LA NAVIDAD

INTRODUCCION

La preciosa Navidad
Llena de ricos paisajes,
Hoy la vamos a escuchar
Por sus mismos personajes.

Algunos protagonistas
De tan magnífica historia,
Bajo su punto de vista
Nos contarán sus memorias.

Nos dirán sus impresiones
Sobre lo que ellos vivieron.
Hablarán sus corazones
De la emoción que sintieron,

Al saber que aquel Infante
No era un niño cualquiera,
Sino, el Creador hecho carne.
Dios y Su Amor sin fronteras.

Oigamos con atención
Lo que nos quieren decir,
Y aceptemos la lección
Que en su variada versión
Tratan de hacernos sentir.

LOS ANGELES

(Diálogo para 4 niños)

Angel 1.°: ¡Qué hermoso ha sido llevar
el mensaje del Señor
a los hombres...!

Angel 2.°:   Y entonar
el magnífico cantar,
dando Gloria al Creador.

Angel 3.°: Sí, todo ha sido muy bello.
Pero... ¿Me queréis decir
si el hombre se lo merece...?

Angel 4.°: Cierto. El mortal no agradece
al Señor, ni su existir.

Angel 1.°: Soy de la misma opinión.
Dios no cesa de ayudarlos;
los colma de bendiciones,
y ellos con falsas razones,
no paran de blasfemarlo.

Angel 2.°: Y miran irreverentes
sus paternales cuidados,
mostrándose indiferentes
ante las pruebas latentes
que de Su Amor les ha dado.

Angel 3.°: Mas Dios parece ignorar
su ingrata desobediencia,
porque en vez de castigarles,
este día viene a darles
la mayor de sus CLEMENCIAS.

Angel 4.°: ¿Por qué el Todopoderoso
los ama de esta manera...?
¿Por qué busca cariñoso
salvarlos, como si fueran
la niñeta de sus ojos...?
Yo lo quisiera entender,
mas no encuentro explicación.

Angel 2.°: Un gran motivo ha de haber.

Angel 3.°: Sí... ¿Pero, cuál debe ser...?

Angel 1.°: Yo conozco la razón.
De entre todo lo creado,
el hombre fue lo más bello.
Dios puso tanto cuidado,
que le legó sus destellos.
Puso en él su semejanza:
Le dio gran sabiduría,
con la bendita esperanza
de estar con él, noche y día.
Hizo un mundo para él.
Lo hizo reinar sobre todo.
Pero no supo ser fiel
al que lo honró de tal modo.

Angel 2.°: Ya comprendo. Aunque el mortal
no cumplió su cometido,
nuestro Dios no ha de faltar.
No puede dejar de amar
al hombre, aunque esté perdido.

Angel 3.°: Más bien sucede al contrario:
Que a causa de su extravío
le resulta necesario
amarles aún con más brío.

Angel 4.°: Ya no puede amarse más.
Su Amor nadie lo supera.
El que hizo el firmamento
se somete al nacimiento
como otro niño cualquiera.
Y además, nace tan pobre...
El, que es el dueño y Señor
de todo.

Angel 2.°: Así los hombres
podrán comprender mejor
Su propósito divino,
de salvarles.

Angel 3.º: Mas me temo,
que ante tan claro camino,
el hombre, en su desatino
no haga caso a un Dios tan Bueno.

Angel 1.º: ¡Oh, mortal... Vuelve tus ojos...!
¡Contempla a tu REDENTOR
y cae ante El de hinojos...!
¡No menosprecies Su Amor...!

Angel 4.º: No seamos pesimistas.
También hay muchas personas
que adoran sinceramente
al Señor.

Angel 1.º: Mas lo que El quiere,
es Salvación para todas.

Angel 3.º: Sí. Dios no hace distinciones.
Ama a todos por igual.
Y sus ricas bendiciones
son para los corazones
que acuden al Manantial,
que es Cristo.

Angel 2.º: A El sea Gloria
por toda la eternidad.

Angel 4.º: Y podrá cantar victoria
todo el que acepte la historia
de su hermosa Navidad.

Angel 1.º: ¡Gloria a Dios en las alturas!
Angel 2.º: Al hombre, Paz y Consuelo.
Angel 3.º: Cristo salva a sus criaturas
Angel 4.º: Y abrió las puertas del cielo.

MARIA

¡Quién soy yo, Señor Eterno,
Que me das tan grande honor...!
¿Quién me ayuda a comprenderlo?
¡¡Ser Madre de mi Hacedor!!

¡Qué experiencia más sublime!
Ser la madre del MESIAS...!
¡El Dios que mi alma redime,
Llevaba la sangre mía...!

Aún no puedo entender
Que el Creador del firmamento
Pudiera estar en mi ser.
No cabe en mi pensamiento.

Mas me someto gozosa
A la Voluntad Divina.
El sabe hacer lindas rosas
En medio de las espinas.

Desde hoy seré llamada
Por todos los que nacieren,
La más Bienaventurada
De entre todas las mujeres.

Todo lo que no comprendo
Lo guardo en mi corazón.
Feliz, al ser instrumento
Para tan gran Bendición.

Ya vino al mundo la LUZ.
El Mesías ya nació.
Yo estuve junto a la cruz
Donde al mundo redimió.

JOSE

Pensé haber sido engañado
por mi joven desposada,
Y estaba muy preocupado.
Pero todo fue aclarado,
Y aquí no ha pasado nada.

Me habló el Divino Señor,
Revelándome en un sueño
Su proyecto Redentor.
Y yo, ante tan grande Amor,
¡Me he sentido tan pequeño...!

«Tú serás padre adoptivo
Del Mesías, en la tierra».
Este glorioso motivo,
¡Cuánto privilegio encierra...!

Junto con mi compañera
Lo tendremos que guardar,
Guiándolo en nuestro hogar
Al empezar su Carrera.
Cuando lo lógico fuera
Que El nos enseñara a andar.

El viene a salvar al mundo,
Según Su Amor me revela.
Y ese Ser, como ninguno,
Dios ha creído oportuno
Que esté bajo mi tutela.

Dios pone bajo mi techo
Su tesoro más querido.
Hay para estar satisfecho.
Y me siento, por derecho,
El mortal más Bendecido.

REUNION DE LOS PASTORES

(Diálogo para tres niños)

Pastor 1.º   ¡Bendito sea el Señor
que otro año ha permitido
juntarnos...!

Pastor 2.º   Nuestro fervor
tiene un hermoso motivo.

Pastor 3.°	¿Os acordáis de aquel día?
Pastor 1.°	Fue de noche, compañero.
Pastor 3.°	¡Quién imaginar podría
	aquel suceso...! Sugiero,
	que ya que el Señor permite
	que nos hayamos juntado,
	hablemos de su venida.
Pastor 2.°	Sí señor; muy bien pensado.
Pastor 1.°	Yo estaba medio dormido.
Pastor 3.°	Yo no; yo estaba despierto
	cuando aquel resplandor vivo
	mostró los cielos abiertos.
	¡Menudo susto!
Pastor 2.°	Pues luego,
	aquella luz tan potente
	por poco nos deja ciegos.
Pastor 1.°	Era la luz de los cielos.
Pastor 3.°	Era un divino torrente.
Pastor 2.°	¿Recordáis lo que nos dijo
	el ángel?
Pastor 3.°	Yo al recordarlo
	tiemblo y canto agradecido.
	¿Quién es capaz de olvidarlo?
	Su voz era tan preciosa...
	Su acento tan especial,
	que en la noche silenciosa
	sonaba cual manantial.
Pastor 1.°	¿Y el mensaje...?
Pastor 2.°	Incomparable.
Pastor 1.°	Claro, porque era del cielo.
Pastor 2.°	«El Mesías, Admirable,
	ya vino a daros consuelo».
	Acercaos a Belén
	y humilde lo encontraréis.»
Pastor 3.°	Allí encontramos EL BIEN.
	AL SALVADOR. NUESTRO REY.

Pastor 1.º ¡Qué criatura más preciosa...!
El Mesías prometido.
Tan bello como una rosa.
El Señor, recién nacido.

Pastor 2.º A mí me dio mucha pena
ver su cuerpo recostado
en el pesebre.

Pastor 1.º   ¡Qué buena
lección de amor nos ha dado.
Siendo rico se hizo pobre
para darnos su riqueza,
Lo triste es ver que los hombres
no valoran Su grandeza.

Pastor 2.º Vamos gozosos al Templo,
a rendirle pleitesía.

Pastor 3.º Vamos, siguiendo su ejemplo.

Pastor 1.º Vamos. Que aguarda el MESIAS
nuestra noble adoración.
Nuestra Fe y Sinceridad.

Pastor 2.º Todo nuestro corazón.
Ofrenda de NAVIDAD.

MESONERO

Pensar que vino a mi Venta
En busca de alojamiento,
Y yo le cerré la puerta.
¡Ay, Señor...! ¡Cuánto lo siento!

¡Si yo lo hubiera sabido...!
Le habría dado mi morada,
Y mi alcoba, perfumada
Con su aroma preferido.

¡Qué enorme satisfacción
En mi alma sentiría...!
Pensar, que en mi habitación
Pudo nacer el MESIAS...!

El Autor de mi existencia
Vino en mi hogar a nacer,
Y encontró mi indiferencia.
Quiso, mas no pudo ser.

¡Cuánto lamento, en verdad
El haberle rechazado...!
No habrá otra oportunidad
Para enmendar mi pasado.

LOS TRES MAGOS

(Diálogo)

Los tres a la vez:

Somos tres reyes Magos.
Venimos de adorar
al Dios que se ha humanado
queriéndonos salvar.

Mago 1.º Yo le entregué mi oro
y el símbolo que encierra,
porque es Señor de todo.
El Rey de cielo y tierra.

Mago 2.º Por ser tres veces Santo,
yo le entregué mi incienso.

Mago 3.º Y yo le he dado mirra
porque es Su Amor inmenso.

Mago 1.º ¡Qué hermoso fue mirarle,
sabiendo que venía
a dar a los mortales,
perdón, paz y alegría...!

Mago 2.º Yo he visto en su mirada
sencilla, la pureza,
y en ella reflejada
Su Divina grandeza.

Mago 3.º   También yo, en su regazo,
           mirando su Virtud,
           he visto entre sus brazos
           la sombra de una cruz.

Mago 1.º   ¡Qué hermoso fue adorarle...!

Mago 2.º   ¡Qué inmensa es Su Bondad...!

Mago 3.º   ¡Qué amor tan insondable
           nos trae su NAVIDAD...!

Los tres a la vez, concluyen como empezaron:

           Somos tres reyes Magos.
           Venimos de adorar
           al Dios que se ha humanado
           queriéndonos salvar.

HERODES

           Y yo le quise matar
           Pensando que me estorbaba.
           Mi impulso fue, aniquilar
           Quien mi reino amenazaba.

           No podía comprender
           Que El no estaba en contra mía.
           El era el CRISTO. EL MESIAS
           Que al mundo vino a traer

           Su Bendición Celestial.
           El era un Rey Salvador,
           Mas, de un reino espiritual
           Fundado sobre el AMOR.

Mas yo ciego y obcecado,
Para asegurar su muerte,
Maté a miles de inocentes.
¡Qué grande fue mi pecado...!

Tengo como consecuencia
De mi horrible sacrificio,
Una gran peso en mi conciencia,
Para el gran día del Juicio.

¡Qué necio fui procurando
Estorbar el plan Divino.
El venció, aunque yo, insensato
Me interpuse en su camino.

INTERMEDIOS

(Recitados al final de cada parte por un niño o niña mayor que permanece en la plataforma.)

Tras «LOS ANGELES» (Diálogo)

Toda la corte del cielo,
Cantando perfectamente,
No agrada tanto al Señor,
Como ver a un pecador
Que le busca humildemente.

Tras «MARIA» (Poesía)

Si quieres que Dios te use
Como a la virgen María,
Aprende de su humildad.
Ríndete a Su Voluntad
Con sencillez y alegría.

133

Tras «JOSE» (Poesía)

No olvides nunca el consejo
De estas oportunidades.
Lo que Dios da tiene un precio.
Junto con los privilegios
Hay responsabilidades.

Tras «LOS PASTORES» (Diálogo)

Los pastores acudieron
Presurosos a Betlem,
Y al Mesías conocieron.
Lo mismo que ellos hicieron
Hagamos todos también.

Tras «EL MESONERO» (Poesía)

Cuando Dios llame a tu puerta
No lo debes rechazar.
No hagas como el Mesonero.
Responde humilde y sincero
Y deja a Cristo pasar.

Tras «LOS MAGOS» (Diálogo)

Dan al Autor de la vida
Su ofrenda y adoración.
Mas Cristo anhela otro Don.
Otra ofrenda más querida.
Las almas arrepentidas
En busca de Salvación.

Tras «HERODES» (Poesía)

Dios realiza puntualmente
Todo cuanto ha prometido.
Jamás trates de estorbarle,
Pues Su Justicia implacable
Castiga al entrometido.

FINAL

Fueron los protagonistas
de un gran acontecimiento.
Todos de forma distinta
obraron en su momento.

Con toda sinceridad
abrieron su corazón,
y diciendo la verdad
nos dieron una lección.

Unos mostraron sus quejas
por su obrar equivocado.
Todos, con su moraleja,
mucho nos han enseñado.

No debemos imitar
ni a Herodes, ni al Mesonero.
Cuando Dios nos quiera usar,
sirvámosle por entero

Con prontitud. Obedientes
como hicieron los pastores,
y cual los Magos de Oriente,
dándole a El nuestros dones.

Hagamos con alegría
lo que Dios mande; y con fe.
Como la Virgen María
y su esposo San José.

No olvidemos el mensaje
que hoy nos dieron, de verdad,
los que fueron personajes
de la hermosa Navidad.

CANTANDO
LA NAVIDAD

INTRODUCCION POETICA A LOS HIMNOS QUE NOS CUENTAN LA BELLA HISTORIA

PRIMER HIMNO. — «Oh dolç temps plé d'alegria!»

ALEGRIA

Alegría hay por las calles,
en los montes y en los prados.
Alegría hay en los valles,
y hasta en lugares aislados.

Todo el mundo está contento
porque llegó Nochebuena.
Y en medio del sufrimiento,
parece menor la pena.

Los hogares se engalanan
con adornos especiales.
Grandes y chicos proclaman
con villancicos geniales,

La historia más bella y santa
que es causa de su alegría,
por lo que gozoso canta
al Señor en este día.

Y aunque muy pocos comprenden
el alcance verdadero,
todos llamados se sienten
a cantar dando al pandero.

De cualquier objeto raído,
se improvisa un instrumento.
Lo importante es hacer ruido;
demostrar que están contentos.

La alegría contagiosa
de esta fiesta incomparable,
nos inclina a hacer las cosas
más cariñosas y amables.

Pues nos recuerda el Amor
que Dios nos da a manos llenas.
El Bendito Salvador
que nació en la Nochebuena.

La alegría, hay que mostrarla,
no sólo con ruido y cantos.
También hay que acompañarla
con dignos y nobles actos.

Usemos la caridad
hacia todos, sin engaños.
Por algo es la Navidad
la mejor fiesta del año.

SEGUNDO HIMNO. — «Con música especial»
(«Cascabel»)

Poesía: ¡Hermosa Navidad! Fiel exponente
de Amor, de Paz, de célicos fulgores.
La inspiración se entrega dócilmente,
y brota como el agua de la fuente
en músicos, poetas y cantores.

Hay miles de poemas, cuyo encanto
proclaman de esta fiesta la memoria,
y siempre se repiten. Por lo tanto,
tratando de· variar, con bellos cantos
queremos explicar la excelsa historia.

TERCER HIMNO. — **«El ángel a una virgen fue»**

Poesía: Bendita sumisión la de María,
que acepta lo que Dios le ha destinado.
¡Qué honor...! ¡Será la madre del Mesías!
Al fin se cumplirá la profecía
que el pueblo de Israel tanto ha espe-
[rado.

CUARTO HIMNO. — **«En la noche silenciosa»**
(Cantado por un grupo de hombres)

Poesía: Los cielos se engalanan luminosos
con lumbre celestial, resplandeciente.
Está ocurriendo algo portentoso,
y un coro lo proclama jubiloso
con voz angelical, perfectamente.

Y cantan «Gloria a Dios en las altu-
y buena voluntad a los perdidos.   [ras,
La Paz a las sinceras criaturas»,
repiten incansables con voz pura,
que ya nació el Mesías prometido.

QUINTO HIMNO. — **«Callad, ¿no oís?»**
(Canta el CORO)

Poesía: Aquel mensaje eterno, fue visible,
y sigue siendo hermosa realidad.
La Paz de Dios es viva, indestructible,
que calma el corazón y hace posible
que aún se goce en cruel adversidad.

SEXTO HIMNO. — «Bendita Paz»
(Solo femenino)

Poesía: El Santo de los Santos. Rey del Cielo.
El Dios Potente y Sabio Creador,
dejó Su Majestad, pues fue Su anhelo,
salvar al pecador, darle el consuelo
de un fuerte y poderoso Salvador.

Su Amor se hizo materia, vida pura.
Llegando a condensar toda Su Gloria
en un pequeño ser, débil criatura,
sujeto a privaciones y apreturas
como cualquier mortal, entre la escoria.

SEPTIMO HIMNO. — «En un pesebre Cristo nació»
(Cantado por un grupo de mujeres)

Poesía: Aquella noche bella entre las bellas,
ofrece al mundo Paz como ninguna.
Alaban al Señor, luna y estrellas,
y toda la creación canta con ellas
a Cristo, su especial CANCION DE CU-
[NA.

OCTAVO HIMNO. — «Ha nacido Jesús»
(Canta el CORO)
(Es una adaptación de «Canción de Cuna» de Brahms)

Poesía: El Plan de Dios se está desarrollando
lo mismo que El había prometido.
Perfecta exactitud del cómo y cuándo.
Los fieles que han estado escudriñando,
comprueban aún detalles escondidos.

Siguiendo este relato verdadero,
hallamos que en Belén Cristo nacía,
lo mismo que un humilde pordiosero.
Y un ángel era el digno pregonero
que anuncia el nacimiento del Mesías.

140

NOVENO HIMNO. — «Cuando el ángel a los
pastores fue»
(Canta un grupo de hombres)

Poesía: Mirando tanto amor, me maravillo,
y admiro sus contrastes asombrado.
La noche oscura, y el celestial brillo.
Los Angeles. Pastores muy sencillos.
Y un coro celestial, fondo sagrado.

Y sigue aquella noche venturosa
llenando de misterio el firmamento.
De Oriente hasta Belén, va presurosa
la estrella, que de forma misteriosa
cumplía un celestial requerimiento.

DECIMO HIMNO. — «Una estrella de inmortal fulgor»
(Dúo femenino)

Poesía: Lección de gratitud y fe nos dieron
los Magos, que acudiendo sin demora,
tributo al Rey de reyes le rindieron.
Simbólicos presentes le ofrecieron
que hablaban de Su Obra Redentora.

ONCEAVO HIMNO. — «Guiados por la estrella»
(Coro masculino)

Poesía: ¡Bendita historia fiel de Nochebuena!
Oasis en el duelo cotidiano.
Dios viene a darnos Paz, Su Paz serena.
Mensaje de esperanza, que nos llena
no sólo el corazón del ser humano.

¡Con cuánta gratitud cantan las aves...!
Las flores, cual si fuera en primavera,
ofrecen al Señor su aroma suave.
Y toda la creación canta, pues sabe
que ya su esclavitud es pasajera.

¡Cantad con gratitud, no estéis calla-
[dos!
Eleve el mundo entero sus canciones
al Dios que tanto amor nos ha mostrado.
Cantemos gloria, igual que el coro alado,
con nobles y sinceros corazones.

DOCEAVO HIMNO. — «Tiernas canciones»
(Canta el CORO)

NOTA: Los himnos que se ofrecen pueden ser
sustituidos por otros que se adapten a la letra
del poema, según el criterio del organizador.

La Escuela Dominical

BUEN APRENDIZAJE

Aunque soy un tierno niño
soy atento y servicial,
y me inspira gran cariño
la Escuela Dominical.

En ella aprendo a ser bueno,
cariñoso y obediente,
a amar al Dios verdadero
y a todo el que se presente.

Yo invito a todos los niños
de una manera cordial,
que asistan cada domingo
a la Escuela Dominical.

FIN DE CURSO

Otro verano ha llegado,
y con él, las vacaciones,
después de haber estudiado
maravillosas lecciones.

La Escuela Dominical
ha finalizado el Curso,
y es por eso, que formal,
yo les echo este discurso.

Pero no voy a cansarles.
Sólo les quiero decir:
Gracias a todos los padres
que nos hicieron venir

A aprender cosas del cielo...
A amar a Dios y adorarle,
y a procurar ser más buenos.
¿Verdad que esto es agradable...?

Al terminar esta etapa,
en la que tanto aprendimos,
les saludamos contentos
y alegres nos despedimos.

Deseando que el Señor
los prospere y los bendiga.
Como acabé mi labor,
¿Qué más quieren que les diga...?

LA ESCUELA DOMINICAL

La Escuela Dominical
no es ningún Centro Docente
de corte intelectual.
Su objetivo principal
es, forjar almas creyentes.

En la Escuela del Señor
no aprendemos a escribir,
mas, se aprende algo mejor;
aprendemos a vivir.

Se nos enseña a afrontar
los problemas de esta vida,
aprendiendo a confiar
en el Señor, que nos cuida.

Se suma, el Poder del cielo,
con la buena voluntad,
y los más puros anhelos
Dios convierte en realidad.

Se multiplican las glorias
por triunfos del bien logrados,
y se restan las victorias
de Satán sobre el pecado.

En esta Escuela inaudita,
se escribe en los corazones
las influencias Benditas
que forja a los campeones.

Tendréis que reconocer,
que esta Escuela tan gentil,
es un Divino taller
para la edad infantil.

A NUESTROS MAESTROS

Aunque pequeñuelos,
hemos aprendido
que siempre debemos
ser agradecidos.

Y hoy tributo damos
de agradecimiento,
a seres amados
que nos dedicaron
su precioso tiempo.

A nuestros Maestros,
que día tras día
nos han enseñado
con fe y alegría.

Los que se entregaron
con gran vocación,
y a Dios nos mostraron
lección tras lección.

Las bellas historias
que nos explicaron,
afán de victorias
en mí despertaron.

Hoy, todos los niños
mostramos contentos
nuestro fiel cariño
y agradecimiento.

Seguid trabajando
en tan noble empresa.
Lo que estáis sembrando
tendrá gran cosecha.

Nuestra pobre vida
encierra algo vuestro...
¡Que Dios os bendiga,
Queridos Maestros...!

LO QUE APRENDEMOS
EN LA ESCUELA DOMINICAL

Niño 1.º   INTRODUCCION:
La Escuela de los Domingos
es un taller admirable,
donde se forja en los niños,
la FE, la PAZ y el CARIÑO,
de forma muy agradable.

Los Maestros o Instructores,
Con su abnegación constante,
nos dan muy buenas lecciones,
sembrando en los corazones
la instrucción más importante.

Les queremos explicar
las cosas nobles y hermosas
que nos suelen enseñar,
en esta Escuela ejemplar,
tan útil y provechosa.

Niño 2.º Aprendemos a escuchar
la voz de Dios. Su Palabra;
con respeto y atención,
Sabiendo en cada lección,
que es el Señor quien nos habla.

Niño 3.º Nos enseñan la VERDAD.
Que Dios es el Creador.
Que sin El no existe PAZ.
Y que Ama a la humanidad,
porque su esencia es AMOR.

Niño 4.º Se nos enseña a vivir
conforme a la Voluntad
de Cristo; quien al morir,
quiso al hombre redimir
por toda la eternidad.

Niño 5.º Aprendemos a ser buenos
y a amar a todas las gentes.
No para ganar el cielo,
sino, que siendo obedientes
se hace este mundo más bello.

Niño 6.º También aquí nos enseñan,
que mentir es horroroso.
Hay que decir la VERDAD.
Porque en el cielo de Paz
no entrarán los mentirosos.

Niño 7.º Respetar a los mayores.
No decir palabras feas.
Tampoco ser respondones.
¡Tienen miga las lecciones,
aunque ustedes no lo crean...!

Niño 8.º   Se nos explican historias
de la Biblia, y son tan bellas,
que quedan en la memoria,
porque ensalzan las victorias
que puedo obtener con ellas.

Niño 9.º   Todo esto y mucho más
nos enseñan y aprendemos.
La Escuela Dominical
es el taller ideal
que forja lo que SEREMOS.

Fiesta de la Madre

Poesías para parvulitos

EN EL JARDIN

En el jardín de mi hogar,
Mi madre es la flor más bella.
Su fiel manera de amar
No se puede comparar,
Pues no hay otra como ella.

PARA MI MADRE

Para la tierra, el abono.
Para el hombre, la creación.
Y para mi madre, un trono
Dentro de mi corazón.

AUNQUE NO SOY...

Aunque no soy importante,
Y poca cosa es mi vida,
Soy el tesoro más grande
Para mi madre querida.

UN BUEN CONSEJO

Para todos mis amigos
Traigo un consejo muy bueno,
Que ha de ser bien recibido.
A ver si nos esmeramos,
Y a nuestras madres no damos
Tantos disgustos seguidos.

EL REPARTIDOR

Para ustedes, mi inocencia.
Para Dios, mi devoción.
Para mi madre, Obediencia
Y el cariño, que es la esencia
Que guardo en mi corazón.

DE MUCHA IMPORTANCIA

Vengo a decirles a todos
Algo de mucha importancia.
Que es mi madre en esta vida
El ángel noble, que cuida
El tesoro de mi infancia.

Y YA ESTA

Cuando algo me tortura,
¡Qué buena es mi mamá...!
¿Saben cómo ella me cura?
Pues, me da un beso, y ya está...

CON RAZON

Hoy mi mamá me ha reñido,
Como siempre, con razón.
Yo, como pronto me olvido,
Desde aquí perdón le pido
Y le canto una canción.

QUIERO COLABORAR

Soy una débil criatura
que quiero colaborar,
y aunque no tengo soltura,
muy fuerte quiero gritar;
Que en mi madre, la hermosura
se puede paladear.

FIESTA DE LA MADRE

Hoy queremos celebrar
El día de nuestras madres,
Y las queremos honrar
Con cosas muy agradables.

Olvidaos, por favor,
De que hacemos mucho ruido.
Y hoy, recibid el honor
De vuestros hijos queridos.

CON EL AZAHAR

Si hubiera de comparar
mi madre con una flor,
diría, que el azahar
es la que le va mejor.

Por su pureza genuina.
Por lo sencilla que es ella.
Y porque no tiene espinas
como otras flores muy bellas.

Su aroma, es amor del bueno.
Su color, la abnegación.
Su cariño tan sereno
no admite comparación.

RECONOCIMIENTO

Madrecita buena
que sufres callada.
Eres azucena
bella y perfumada.

Quiero que perdones
lo malo que soy.

155

Las sofocaciones
que siempre te doy.

Yo quisiera verte
siempre sonriendo.
Quiero obedecerte.
Y por no ofenderte,
ya me voy corriendo.

AMOR BIEN DEMOSTRADO

Cuando más pienso en mi madre,
más me acuerdo del Señor.
Mas ganas tengo de amarle,
pues más me admira Su Amor.

Para cuidarme en la vida,
no encontró mejor legado
que el de mi madre querida.
¡Cuánto amor me ha demostrado...!

Mientras viva, no quisiera
olvidar tan fiel motivo.
¡Bendita la madre buena!
Y al Señor, la Enhorabuena,
por su Amor tan noble y vivo.

MI GRAN TESORO

Tengo un tesoro muy grande
que no lo cambio por nada.
Es una perla admirable.
Es, mi madrecita amada.

Tan inmensa es su valía,
que si yo no la tuviera
muy desgraciado sería;
porque ella es mi vida entera.

Con ella lo tengo todo:
pan, abrigo, protección...
Mi madre es el gran tesoro
que alegra mi corazón.

LO MAS HERMOSO

Ni las brillantes estrellas.
Ni las flores del jardín,
Pueden compararse a ella.
La madre es mucho más bella
Que un alado serafín.

La madre es lo más hermoso
Que Dios creó en este suelo.
Todo en ella es delicioso.
No pudo el Dios bondadoso
legarnos mejor consuelo.

De entre todo lo creado
destaca sobradamente.
Su amor es casi sagrado.
El que goza sus cuidados,
¡Cuán confiado se siente...!

Ofenderla o despreciarla
Es una grave insolencia.
Nuestro deber es amarla.
A una madre hay que tratarla
Con respeto y obediencia.

DESPUES DE DIOS Diego

¿Sabéis quién es la persona
que yo más quiero en mi vida?
Tanto amor me proporciona,
que merece una corona
mi madrecita querida.

157

Es como un ángel sin alas.
Una santa y no de yeso.
Es la mujer abnegada
que al darlo todo por nada,
se conforma con un beso.

Es la esencia del Amor.
La criatura más amable.
Aparte del Creador,
no hay otro ser superior
tan bueno como mi madre.

Por todas sus cualidades;
Por el amor que me ofrece,
yo anhelo proporcionarle
mi cariño, y dedicarle
todo el honor que merece.

NO PUC FER MES

No puc fer més. Sóc tremendo.
Les travesures m'agraden;
I no sabeu el goig que sento
Quan faig alguna trastada.

Però el que hi és al meu costat
No entén d'aquesta alegria,
I més d'un cop he plorat
per tenir aquesta mania.

Mes tinc la sort, que després
La meva mare em consola;
Com si no hagués passat res
Ja torno a fer «batarola».

Què bonic és el consol
que una mare sap donar...!
Es com si sortís el sol,
I llavors tot es veu clar.

MADRECITA

Madrecita buena
que llenas mi vida
con tu faz serena,
de amor sin medida.

Madrecita santa
que me hablas del cielo;
Que jamás se espanta.
Sagrado es tu anhelo.

Madrecita linda,
que igual que las flores
perfume nos brindas
con tu miel de amores.

Madrecita mía,
tú eres la mejor.
Hay paz y alegría
a tu alrededor.

Gentil madrecita;
Por lo que tú eres,
hoy te felicita
lo que tú más quieres.

DISCIPLINA

Cuando mi madre me pega,
Siempre le sobran razones.
Normalmente, ella no juega
Cuando «arrea» pescozones.

Y yo soy desobediente;
Muy terco y la hago enfadar.
Soy malo, y por consiguiente
Me tiene que castigar.

Como no sé acostumbrarme,
Me tiene que corregir,
Porque ella quiere enseñarme
Cómo se debe vivir.

Yo sé que a ella le duele
cuando azotes me propina,
Mas también sé que me quiere,
Por eso me disciplina.

Toda la honra hay que darles,
Por su amor... ¡Bendita sea!
¡Dios bendiga a nuestras madres!
Incluso, con la correa.

¿QUE REGALARIA?

¿Qué regalaría
a mi madre buena
para que este día
se sienta dichosa...?
Tal vez le daría
unas azucenas,
pero no sería
suficiente cosa.

Ella se merece
algo más valioso.
Tesoros preciados
no dan su medida.
Porque me parece,
que aunque fuera hermoso,
ella a mí me ha dado
parte de su vida.

No encuentro el regalo
que pudiera darle.
Todo es muy pequeño
en comparación.

Mas he de hacer algo
que pueda alegrarle,
y pongo en empeño
mi gran ilusión.

Yo voy a esforzarme
en ser menos malo.
Quiero ser el niño
que siempre obedece.
Y aunque va a costarme,
pienso en su cariño.
¡Este es el regalo
que ella se merece...!

MI FORTUNA

Los tesoros de este suelo
están muy mal repartidos.
Pero no miréis al cielo,
que Dios culpable no ha sido.

Los hombres, con su ambición;
Con ansia desenfrenada,
han hecho acumulación
de riquezas, y otros nada.

Hay gente acaparadora,
que avasallándolo todo,
muchos bienes atesoran,
no importa el coste, ni el modo.

Existen muchas fortunas
que han costado sangre y duelo.
Pero madre, sólo hay una
y ese sí que es don del cielo.
Dios, a cada ser viviente
lo ha provisto de un tesoro
que ni se compra ni vende,
y es la madre que yo adoro.

Esa fortuna querida,
vale más que el mundo entero.
Porque ella me dio la vida.
Mi alma canta agradecida
lo mucho que yo la quiero.

ESE ANGEL PROTECTOR

En el humano desierto
donde ser bueno es tan raro,
la Madre es un libro abierto
con un mensaje muy claro.

Su destino, es proteger
al que más quiere en la vida,
porque es parte de su ser.
¡Y hay que ver cómo lo cuida...!

Su amor es algo especial.
Fiel, hermoso, puro y sano.
No existe otro amor igual
entre los seres humanos.

No le importa el sacrificio,
cuando abnegada, procura
lograr algún beneficio
para su amada criatura.

Por su Amor tan entrañable.
Por ser ángel protector...
¡Benditas sean las MADRES,
y Bendito el Creador...!

Que nos da con su cariño,
la más bella protección.
Por eso hoy, todos los niños
le honramos con devoción.

COMPARACIONES

Al pensar en los cuidados
de mi madrecita amada;
Por su Amor casi sagrado
la veo así comparada.

A veces es, aspirina
que calma nuestros dolores;
otras, rosal sin espinas,
El jardín de mis amores.

Es mi luz en noche oscura.
Es el agua de mi fuente.
Es, la más noble criatura
que ha creado el Dios Potente.

Es un jilguero cantor.
Es miel que endulza mi vida.
Es el ángel bienhechor
que me protege y me cuida.

Es un sol, que resplandece
y calor me proporciona.
Por eso, ella merece
un trono y una corona.

Al Señor gracias le demos
por su Bondad protectora.
Que en cada madre tenemos,
del cielo una embajadora.

UN BESO

Un beso, es la expresión
de diversas emociones.
Se dan besos de pasión,
de amistad y de traición;
y se da a los campeones.

Pero un beso en una madre
es la delicia más bella.
Bajo el sol, no existe nadie
que bese así como ella.

Con un beso nos repite
su amor lleno de dulzura.
Cuando besa, nos transmite
todo un caudal de ternura.

Su beso nos da consuelo;
nos hace sentir confiados.
Es como un eco del cielo
su amor desinteresado.

No hay quien su bondad compare,
ni quien su amor ponga en duda.
Jamás se ha visto a una madre
besar a estilo de Judas.

Todo el cariño nos da
cuando en su seno nos toma.
Un beso de mi mamá
vale más que una corona.

MERECEN ALGO MAS

Hay cosas muy buenas
que las disfrutamos,
y al usar de ellas,
las menospreciamos.

El aire, las flores,
el agua, la luz,
son fuentes vitales
de nuestra salud.

La madre querida,
sin par bendición,
que amante nos cuida
con abnegación.

164

Aunque la queremos,
justo es admitir,
no la obedecemos
y ella ha de sufrir.

Aunque se merece
siempre acciones buenas,
más bien se le ofrecen
disgustos y penas.

Perdónanos madre
nuestra indiferencia.
Somos muy culpables,
pero ten paciencia.

Somos muy ingratos.
Nuestro amor filial
es pobre y barato.
Tú eres especial.

¡Qué abnegada eres...!
Sabes bien cuidarnos.
Como tú nos quieres
nadie puede amarnos.

Recibe el tributo
de nuestro cariño,
cual precioso fruto
que te ofrece en bruto
nuestro amor de niño.

LO QUE MERECE UNA MADRE

A las madres de este mundo
les tendríamos que hacer
un hermoso monumento,
que ilustrara el sentimiento
de su profundo querer.

Su abnegación, no se puede
comparar con lo mundano.
Su paciencia es admirable,
y su amor, incomparable
con cualquier cariño humano.

Si yo tuviera influencia,
sin dudar la nombraría
Premio Nobel de la Paz,
por su exquisita bondad;
por su leal valentía.

Es tan puro su cariño,
que parece celestial.
Dios, para darnos consuelo,
puso un trocito de cielo
en su pecho maternal.

¡Qué bueno ha sido el Señor,
que una madre nos ha dado...!
No hay un regalo mejor.
Mi madre y mi Salvador,
son mis amores sagrados.

EL RETRATO DE MI MADRE

Mi madre. ¡Qué buena era...!
Siento pena y alegría,
al ver la fotografía
que conservo en mi cartera.

Y al mirar su rostro amado
grabado sobre el papel,
parece que veo en él
como un resplandor sagrado.

Que me recuerda los días
que en sus brazos me acunaba;
y oigo, hasta cómo cantaba
mientras que yo me dormía.

¡Cuánto quisiera volver...!
gozar de aquellos instantes,
que no supe apreciar antes;
y ahora me causan placer.

¡Quién fuera otra vez un niño
para dormir en sus brazos,
y sentir su tierno abrazo
lleno de inmortal cariño...!

Pero me he de conformar.
El tiempo es cruel e ingrato.
Sólo me queda un retrato
para poder recordar.

Mas aunque la haya perdido,
está viva en mi conciencia.
Aún me queda la influencia
que su amor en mí ha infundido.

LA MADRE ANCIANA
(Puede recitarse entre dos niños, alternativamente)

Las madres, no siempre tienen
juventud y fortaleza.
Llega un tiempo que envejecen,
y es entonces que aparecen
las canas en su cabeza.

De tanto y tanto luchar
se encuentran desfallecidas.
Ya no pueden trabajar,
y alguien las ha de cuidar
en el final de sus vidas.

Si ellas han sacrificado
lo mejor de su existencia,
razón es, que el hijo amado
se encargue de su cuidado
en justa correspondencia.

¡Qué triste es ver a una **madre**
por sus hijos despreciada.
Gesto ruín y cobarde,
del cual aún hacen alarde
ante la desventurada.

Una madre no merece
un trato tan vergonzoso,
pues aunque ella envejece,
su amor brilla y resplandece
sublime y maravilloso.

Un hijo debe cuidarla
con respeto y con cariño;
y al hacerlo, entendería
lo que su madre sufría
cuando él era un tierno niño.

El respetar a una madre
es filial obligación.
No son lógicas razones,
sino un deber que lo imponen
las leyes del corazón.

LA MIRADA FRATERNAL
(Puede recitarse entre seis niños)

La MADRE. Ese rastro
de amor insondable,
tan inexplicable
como la existencia,
contempla a sus hijos
cual héroes y santos,
juzgando sus actos
con benevolencia.

168

Si algo malo hicieron,
busca su amor vivo
un digno motivo
para ese pecado.
Pero raramente
acepta la idea
de que su hijo sea
un degenerado.

Si por el contrario
hacen algo bueno,
su rostro sereno,
¡Cómo se emociona!
Entonces, contenta
pregona con creces
que su hijo merece
hasta una corona.

Su mirada, llena
de amor expectante
cuida vigilante
cual ave su nido.
Se siente tan fuerte,
que en su noble empeño
siempre ve pequeño
a su hijo querido.

Y aunque pase el tiempo,
aunque se haga un hombre,
siempre tiene un nombre
para su hijo amado.
«Mi niño», le dice,
mirando al que ama;
y aun así le llama
después de casado.

¡Bendita mirada
siempre de amor llena,
tranquila y serena
que nunca se olvida...!
Quisiera tenerlos
siempre entre sus brazos,
porque son pedazos
de su propia vida.

DIALOGOS

ASI SON ELLAS

Diálogo para la fiesta de la Madre, en el que toman parte cuatro niños de ambos sexos. Cada uno de ellos llevará representado lo que menciona.

Niño 1.º   Mi madre es como una estrella

Niño 2.º   Mi madre es un sol radiante.

Niño 3.º   Mi madre es una flor bella.

Niño 4.º   La mía es como un diamante.

Niño 1.º   Ella me orienta y me guía.

Niño 2.º   Ella me da su calor.

Niño 3.º   Ella perfuma mi vida.

Niño 4.º   Ella me habla del Señor.

Niño 4.º   Diamante.

Niño 3.º   Flor.

Niño 2.º   Sol.

Niño 1.º   Estrella.

Niño 3.º   Así son nuestras mamás.

Niño 2.º   Y yo digo a todas ellas:
No existe cosa más bella
Que el amor que tú nos das.

Acaban cantando:
Amar así, quiero como mamita.
Amar así, así me gusta a mí.

TESOROS DE LA INFANCIA

(Diálogo para dos niños)

David. Las madres en esta vida,
son las fieles guardadoras
de un gran tesoro, y lo cuidan
vigilando a todas horas.

Isaac. Pues, para colaborar,
si son tesoros reales,
les podríamos comprar
una caja de caudales.

David. Los tesoros que ellas guardan
no son joyas ni dinero,
por lo tanto, no hace falta
lo que dices...

Isaac.   Pues sugiero
que te expliques de una vez.
¿Cuáles son esos tesoros...?

David. Son propios de la niñez;
y son más vivos que el oro.
Dios ha dado a los infantes
algo de mucha importancia,
y ellas son las vigilantes
del tesoro de la infancia.
Tales como: la inocencia,
que al crecer desaparece.

Isaac. Voy comprendiendo tu ciencia.
¿Sabes...? Hasta me parece
que no hace mucho, en el templo,
el Pastor dijo otras cosas...
La sencillez, por ejemplo,
es una joya preciosa.

David. También la sinceridad,
que con el paso del tiempo
se convierte en falsedad.

Isaac. Ahora ya te comprendo...

David. De esos valiosos tesoros,
las madres son encargadas
de tenerlos bien guardados.
Dios ha puesto en buenas manos
estas joyas tan preciadas.
Nos brindan tal protección,
que en ello ponen la vida.
¡Qué hermoso es el corazón
de nuestra madre querida...!

Isaac. Por eso, con gratitud
las debemos de obsequiar,
aunque sé que su virtud
nunca podremos pagar.
Mas, mi obsequio representa
un detalle de cariño;
para que ellas se den cuenta,
de que, aunque somos muy niños,
no olvidamos sus desvelos,
ni nos pasa inadvertido
ese amor tan dulce y bello
que en ellas Dios ha esculpido.

David. Tu discurso fue admirable...
Tienes toda la razón.

Isaac. Por su cariño entrañable,
tenemos que regalarle
algo que le haga ilusión.

David. Un aplauso se merece
lo que acabas de decir.
(Al público):
Señores..., si les parece,
ya podemos aplaudir.

(Si se cree prudente, puede aplaudirse.)

Dios y su palabra

LA HUELLA DE DIOS

Cuando mires al cielo embelesado,
contempla el firmamento en su esplendor,
y al ver la perfección de lo creado,
    da gracias al Señor.

Al mirar las montañas y los valles;
De las flores la hermosa variedad,
si a tu Dios ves en ello, no te calles;
    proclama su verdad.

Si contemplas el mar embravecido,
o la playa, y te causa admiración,
busca a Dios con el pecho agradecido
    y eleva una oración.

Por doquiera se observan maravillas.
Son las huellas de Dios, de Su saber;
Y si observas, la cosa más sencilla
    demuestra Su poder.

De entre tanta belleza sobrehumana,
muestra fiel de Divina plenitud,
lo más bello, es saber que Dios nos ama.
    La prueba está en la cruz.

Donde muere, por dar al mundo vida,
ocupando el lugar del pecador.
¡Oh mortal...! ¿No ve tu alma conmovida
    la huella de Su Amor...?

¡MIRANDO...!

¡Señor...! Al ver tus obras tan sin cuento,
    Mirando el firmamento,
    Me veo tan pequeño,
Que siento un vivo anhelo de adorarte.
    Soy muy pequeña parte
    De lo que Tú eres dueño.

Si miro hacia la historia ya pasada,
    En ella está grabada
    Tu gran fidelidad.
El pueblo de Israel, el Escogido,
    Constante ha recibido
    Tu fiel paternidad.

Mirando hacia la cruz, donde clavado
    Cargaba mi pecado
    Jesús, el Redentor,
Me envuelve un resplandor maravilloso,
    Que muestra luminoso
    Las pruebas de Tu Amor.

Mirándote Señor, siempre quisiera
    Amar de esta manera,
    Humilde y servicial.
Poner mi vida entera a Tu servicio,
    Cual santo sacrificio
    De un corazón leal.

ENVUELVEME en Tu Gracia Redentora.
    Mi alma que te adora
    Conserva pura y fiel.
Que siempre esté mirando Tu grandeza.
    Gozando la belleza
    Del celestial vergel.

ARREBOLES

Cuando la tarde termina
Y el sol se quiere esconder,
La tibia luz vespertina,
Con belleza genuina,
Nos brinda un nuevo placer.

De rosados arreboles
El cielo parece estar
Encendido, y sus colores,
Son las huellas, los fulgores
Que deja el sol al marchar.

Nubes de fuego, encendidas
Con el crepúsculo hermoso.
Instantes maravillosos
Que embellecen nuestra vida,
Y a meditar nos convida
En un Dios muy Poderoso.

Incomparable belleza,
Con la cual, el Creador
De la gran Naturaleza,
Nos habla de su grandeza,
De Su Poder y Su Amor.

¿Puede el hombre con su ciencia
Lograr algo tan sublime...?
Que responda la conciencia
Ante la hermosa elocuencia
Del Dios que el alma redime.

Todo cuanto nos rodea,
Es un mensaje cifrado
De nuestro Dios, quien desea,
Que el hombre, humillado vea
Su Amor desinteresado.

Las múltiples maravillas
Que atesora el firmamento
Hacen que el alma sencilla
Caiga ante El de rodillas
Con fe y agradecimiento.

MIRAD LOS LIRIOS

Mirad los lirios del campo,
¡cómo los viste el Señor!
Ni aun Salomón tuvo un manto
de tan sencillo esplendor.
Como las hermosas flores
es nuestra vida fugaz;
Hoy con brillantes colores,
mañana en la eternidad.

Mirad las aves del cielo,
libres de preocupación.
Porque su Dios es tan bueno
que les da su protección.
Si un pajarillo es cuidado
con tanto amor paternal,
El hombre es considerado
como criatura especial.

Mirad las almas perdidas
cual ovejas sin pastor.
Dios les ofrece la vida
y ellas rechazan su Amor.
Vamos con fe verdadera
a decirles que hay perdón.
Que el Creador les espera
para darles Salvación.

EL MAS BELLO CONCIERTO

El coro más perfecto
    que se conoce,
sin duda está compuesto
    por bellas voces,

Que elevan al Dios Santo
    su melodía.
El inefable encanto
    de su armonía.

Los pajarillos cantan
    sus bellos trinos,
y su vuelo levantan
    por los caminos.

Dando gracias al cielo
    constantemente,
marcando con su vuelo
    el compás silente.

Las flores, como postes
    indicadores,
señalan al Dios sabio
    con sus colores.

Cantando con la madre
    Naturaleza,
al Ser que les ha dado
    tanta belleza.

Los árboles del bosque,
    majestuosos,
también a Dios bendicen,
    mas, silenciosos.

Con el murmullo suave
    que arranca el viento
al pasar por sus hojas
    en movimiento.

El frutal, agradece
    dando sus frutos,
y a su Creador lo ofrece
    como tributo.

El mar embravecido,
    y el gran desierto,
sus voces han unido
    al sin par concierto.

La luna, las estrellas,
    y el sol radiante,
y tantas cosas bellas
    y resonantes.

Como Dios ha creado
    en el infinito,
este coro han formado.
    ¡Grande! ¡Inaudito...!

Y a la par que sus cantos
    a Dios ofrecen,
Sus designios tan Santos
    fiel obedecen.

Quisiera unir mi voz
    insignificante,
a ese coro armonioso
    tan importante.

Cantando reverente
    y agradecido,
al Dios que con su sangre
    me ha redimido.

EL CUIDADO DE DIOS

Como un gorrioncillo
dependo de Dios.
Nunca a un pajarillo
nada le faltó.

El siempre me cuida,
provee mi sustento.
Si suya es mi vida,
yo vivo contento.

El cuida las flores
con su amor sinfín.
Llena de colores
el bello jardín.
Enseña a la abeja
a formar la miel,
y a mí no me deja;
Es mi Padre fiel.

Todas las criaturas
que en Su Amor formó,
al darles la vida
los capacitó.
Con mi Dios yo tengo
protección Bendita.
No caerá un cabello
sin que El lo permita.

Soy muy poca cosa,
insignificante,
pero Dios me cuida,
y eso es lo importante.
A El me someto
con fe y humildad,
hasta que me lleve
a su eternidad.

UNA CRIATURA DE DIOS

No hay nada tan grande,
tan sublime y bello,
como los destellos
del rayo solar.

Su fuerza impulsora,
Boreal Aurora,
embellece el cielo,
la tierra y el mar.

Cuando en la mañana
aparece radiante,
resulta expectante
verlo aparecer.
Hace que las aves
Bendigan cantando
al Dios que les brinda
un nuevo amanecer.

Da vida a las plantas,
color a las flores,
llena de sabores
el reino frutal.
Disipa la niebla,
borra las tinieblas
y alegra el paisaje
su luz celestial.

Y aun cuando se oculta
en un día lluvioso
y el reflejo hermoso
de su luz se ausenta,
él sigue brillando,
e igual que un coloso
surge victorioso
tras de la tormenta.

Su beso en la lluvia,
produce armonioso
un arco precioso
de luz y color;
recordando al hombre
un pacto Sagrado,
Divina promesa
de Paz y de Amor.

Antes de ausentarse,
con sus resplandores
llena de arreboles
todo el firmamento,
como estela regia
de celeste nave,
que así se despide
hasta otro momento.

Su fuego, evapora
las aguas saladas
que purificadas
nos vienen del cielo
en forma de lluvia;
Continuo milagro
que a los hombres habla
de un Dios Justo y Bueno.

Hiere nuestra vista
cuando le miramos,
cuando desafiamos
su gran majestad.
Humilla al altivo,
guía al extraviado,
y a todos ofrece
su hermosa amistad.

Cumple fiel su oficio
al Creador sirviendo,
siempre obedeciendo
la Divina ley.
Todo lo ilumina
su especial servicio.
En el firmamento
es el astro Rey.

Y Dios lo señala
cual digna criatura,
símbolo y figura
del gran Redentor.

EL SOL DE JUSTICIA,
Rey del Universo,
que todo lo llena
con su inmenso amor.

Astro luminoso
que su luz refleja
en la luna, y deja
a la noche vencida.
¡Cuánto yo quisiera
a él parecerme...!
Manteniendo siempre
mi antorcha encendida.

LOS CIELOS CUENTAN

Los cielos cuentan la Gloria
Del Eterno Creador,
Haciendo al hombre memoria
De su Poder y su Amor.
Cantan los montes y valles
Su divina Majestad.
Y hasta el trinar de las aves
Proclama fiel su Verdad.

Nos hablan de un Dios Bendito
Las fuertes olas del mar,
Y en el espacio infinito
las estrellas al brillar.
Toda la Naturaleza
anuncia fiel su pregón,
proclamando la grandeza
del Dios de la Creación.

Sólo el mortal se resiste;
y ante esta gran realidad
niega atrevido, que existe
la Divina Trinidad.

Que les pregunte a las flores,
o al sol en su plenitud,
quien da los bellos colores
al arco iris de luz.

Y mientras quedo admirado
ante tanta maravilla,
recuerdo que El lo ha creado
para el ser que lo mancilla.
Su Amor me hace estar gozoso,
mas no acierto a comprender,
que un Dios tan Maravilloso
Padre mío pueda ser.

HACIA EL MONTE

Cuando miro a los cielos admirado,
mi alma entona un canto de alabanza.
¡Señor! ¡Qué bello es lo que has creado!
¡Qué inmensa y qué perfecta es tu labranza...!

El valle, también tiene su atractivo.
Cautiva su paisaje y su apariencia.
Mas tiene del pecado el sello vivo
que el hombre le marcó con insistencia.

Sus fértiles llanuras y avenidas.
La próspera visión que allí se asoma,
encierra en su esplendor, medio escondidas
las tierras de Gomorra y de Sodoma.

El monte es más agreste. Su belleza
es mucha, pero no es tan accesible.
Hay bosques, precipicios y maleza,
peligros y sorpresas indecibles.

No es fácil ascender por la pendiente.
Mas cuando al fin la cima se corona,
ofrece un panorama sorprendente,
que admira, sobrecoge y emociona.

El aire que en la cumbre se respira
es puro y saludable a los pulmones.
El nítido placer que al alma inspira,
plagado está de ricas Bendiciones.

Cristiano: como Abraham, mira hacia el monte
do está la abnegación y el sacrificio.
Detrás de los peligros, Dios esconde
la gran compensación de un fiel servicio.

Mira hacia el Sinaí, Dios te está hablando.
Asciende hacia el Carmelo como Elías.
Y sube la pendiente del Calvario
cargando con tu cruz todos los días.

Y al fin, tras la experiencia bienhechora
de descubrir del monte su hermosura,
del cielo gozarás la eterna aurora,
y el premio de vivir a gran altura.

ANTE EL MONASTERIO DE PIEDRA

Hermosa catedral por Dios formada.
Rincón del Paraíso, trasplantado.
Al ver tanta belleza en su trazado,
el hombre se descubre emocionado
tan hondo, que no acierta a decir nada.

Parece su diverso recorrido
como una encantadora fantasía.
¡Qué dulce es la perenne melodía
que forma el agua...! Nítida armonía
que deja el corazón enternecido.

Quien trate de negar que Dios existe,
que venga a contemplar esta belleza.
Prodigio de la gran Naturaleza.
El más ateo, aquí a creer empieza.
A tanta Majestad no se resiste.

La mano del Creador, es tan palpable
aquí, que nos humilla y anonada.
¡Qué bellas son de Dios las pinceladas!
Terribles y armoniosas, las cascadas
nos muestran al Artista Incomparable.

Sus árboles de aspecto milenario.
Su lago transparente del espejo.
Su río y el vergel de gusto añejo.
Su todo, nos invade del complejo
de no ser nada, ante este santuario.

«La cola del caballo» atronadora
cascada, que en la gruta nos espanta.
En cambio, sin temor, aves levantan
su vuelo alrededor y alegres cantan
pues ven de Dios la mano protectora.

Igual quisiera yo vivir pendiente
del Dios que ha hecho tanta maravilla.
Confiar en El, cual estas avecillas,
doblando humildemente la rodilla
en un servicio noble y obediente.

MONASTERIO DE PIEDRA, que pregonas
la gloria de un Dios Sabio y Poderoso.
Que humillas al altivo y orgulloso,
Recibe en estos versos cariñosos
la gran admiración de mi persona.

Con motivo de mi visita a este bello rincón ara-
gonés el 4-10-1971.

APUNTES PARA UN RETRATO

Si yo fuera un gran pintor,
Me gustaría pintar
Un retrato del Señor,
Tal y como en mi interior
Yo lo puedo imaginar.

En su rostro yo pondría
Tal expresión de Bondad,
Que al mirarlo sentiría
Una profunda alegría;
Como un remanso de Paz.

Su mirada triunfadora,
Como rayos luminosos;
Que penetra escrutadora
Y muestra lo que atesora
El corazón engañoso.

Pintaría un corazón
Más grande que el Firmamento,
Lleno de amante perdón,
Prodigando Salvación
Y bendiciones sin cuento.

Sus manos, se habrían de ver
Activas y cariñosas.
Duras para reprender,
Mas, suaves como el placer
De su caricia amistosa.

Pintaría su figura
Majestuosa y Sublime.
La Verdad en su cintura:
Y en su porte, la hermosura
Del Dios que al hombre redime.

Y pintando todo esto,
Tan corto se quedaría,
Que aunque fuese un cuadro bello,
Sólo sería un destello
Muy pobre de su valía.

La imagen del Salvador
La llevo en mi alma esculpida;
Y no habrá nunca un pintor
Que con acierto y primor
Pinte al Autor de la Vida.

FALSA ACUSACION

Si a Dios acusas de injusto,
¿qué justicia es la que pides?
¿Quieres tal vez que a tu gusto
se mueva el mundo en que vives...?

Si Dios creyera oportuno
toda maldad destruir,
ni tú, ni yo, ni ninguno
podríamos subsistir.

Acusas a un Dios, que envía
sus gracias y bendiciones
que aparecen cada día
sin odiosas distinciones.

Lo mismo al pobre, que al rico,
al sabio y al ignorante,
al más grande y al más chico
da sus Dones importantes.

El sol, que a todos nos llega.
El aire que respiramos.
La lluvia que a todos riega.
La vida que en sí llevamos.

191

El dolor y el sufrimiento
llega a todas las conciencias.
La muerte y el nacimiento
no conoce diferencias.

El que haya ricos y pobres,
guerras y odios desatados,
es la ambición de los hombres
quienes las han provocado.

No quieras cargar al cielo
el pago de tu extravío.
Dios es Justo, Santo y Bueno,
y El te dio libre albedrío,

Para que tú decidieras
con libertad tu destino,
y has llenado en tu ceguera
de desgracias el camino.

Vuelve al Señor la mirada.
Reconoce Su Justicia.
Ve con la frente humillada
y confiesa tu inmundicia.

Si a Dios buscas reverente,
para obtener su perdón,
comprobarás fácilmente
que es falsa tu acusación.

LA MIRADA DE DIOS

No pretendas escapar
de la mirada divina,
No te quieras ocultar,
porque El ve donde caminas.

Sabes muy bien esconderte
de las miradas ajenas;
Sabes, incluso ofenderte,
y hasta hacer pasar por buenas,

algunas de tus acciones,
que sólo son falsedades.
Tú siempre encuentras razones
para ocultar tus maldades.

Demuestras mucha pericia
aparentando humildad.
Disfrazas bien la malicia
con vestidos de piedad.

¡Ay...! Si los hombres supieran
leer en tu pensamiento!
¡Si tus amigos te vieran
lo sucio que estás por dentro...!

Qué vergüenza sentirías
si al desnudo te encontraran,
tal vez antes desearías
que la tumba te tragara.

Mas, si el que vive a tu lado,
ve sólo lo que en ti advierte,
Dios conoce tu pecado.
De El no puedes esconderte.

El te ve, tal como eres,
sin tus falsas apariencias;
sabe lo que haces y quieres.
Conoce, hasta lo que piensas.

Estás desnudo ante El,
con todas tus impiedades.
Bien sabes que eres infiel,
que vives de vanidades.

No quieras disimular;
con El no sirve de nada.
¿Crees que podrás escapar
de su Divina mirada...?

Sé sincero, y no te ampares
en excusas sin sentido.
Es mejor que te declares
culpable y arrepentido.

Deja que Dios te examine
con Su mirada profunda.
Di que tu senda ilumine
para que no te confundas.

Entonces verás la vida
desde un plano superior,
y la mirada Divina
no te causará temor.

Porque ya no acusará
la maldad de tu camino,
sino que fiel te guiará
hasta el eterno destino.

LAS BENDICIONES DE DIOS

Tengo sobrados motivos
para sentir alegría.
Debiera estar noche y día
contento y agradecido.

Tengo un Padre Bondadoso
que me da sus Bendiciones
unidas como eslabones,
formando un collar precioso.

Mirando a mi alrededor,
en todo veo su mano,
y en todo hay el Soberano
sello, de su grande amor.

Miro al cielo, y veo brillar
al sol de sin par belleza.
Siento el aire, y su pureza
feliz puedo respirar.

Contemplo la primavera
con su bello colorido,
y quedo sobrecogido
ante la hermosa pradera.

¡Qué bueno es nuestro Hacedor!
que ha hecho un mundo tan bello,
para que goce el plebeyo
lo mismo que el gran señor.

Pero lo más importante.
La más rica bendición,
es, que en mi infiel corazón
pueda morar. ¡El tan grande...!

¿Cómo no voy a dejar
que mi buen Dios me posea?
Con tanto amor lo desea,
que no me puedo explicar

Cómo habiéndole ofendido
con mi necia indiferencia,
me amó, con tanta paciencia,
en vez de estar resentido.

Son tantas las Bendiciones
que Dios nos da noche y día,
que imperdonable sería
no rendir los corazones,

Ante su inmensa Bondad.
Mostrarle agradecimiento,
y obrar en todo momento
su Divina Voluntad.

LA PACIENCIA DE DIOS

(2.ª Pedro 3:9)

¡Qué loco y ciego está el mundo...!
¡Qué necios los hombres son!
Por un puñado de tierra,
surgen conflictos y guerras
que siembran la destrucción.

Las naciones, sin reparos
se esfuerzan por poseer
mortíferos artefactos;
se rompen formales pactos
por la ambición de poder.

Quieren paz, y erróneamente
la buscan por mal camino.
Se arman hasta los dientes,
y en vez de paz, sólo sienten
el terror de su destino.

Con piedad, mal disfrazada,
profanan lo justo y recto
con frases bien estudiadas.
Dios no cuenta para nada
en sus «geniales» proyectos.

El orgullo y la mentira,
son elementos vitales
con que ocultan su vileza.
Aparentando nobleza,
son falsos y desleales.

Un mundo que se envenena
con inmorales orgías.
Mata y destruye sin pena,
queriendo pasar por buena
su depravada osadía.

¿Cómo es posible que Dios
Perfecto y Justo sin par,
ante tan cruel panorama,
no destruya al que le infama
como castigo ejemplar?

Pero, he aquí el Ser divino,
con su infinita paciencia,
espera al hombre perdido,
que se vuelva arrepentido
implorando su clemencia.

Dios aborrece el pecado,
pero ama al pecador
tanto, que ha proporcionado
un remedio, conquistado
con sacrificio y amor.

Y es, que entre el mal confundida
se encuentra su perla amada,
el alma en pecado hundida,
donde El mismo, al darle vida,
grabó su imagen sagrada.

Su plan de amor, es salvarla
de su rumbo hacia el infierno.
Quiere su maldad quitarle,
y a cambio, proporcionarle
un feliz destino eterno.

¡Oh mortales, atended
al mensajero divino...!
Vuestro error reconoced,
y vuestros pasos volved
al verdadero camino.

¡COMO ME AMA DIOS!

¡Quién pudiera comprender
el Amor de Dios...! Sublime,
al pecador lo redime,
y lo hace resplandecer.
Sin olvidar su justicia
que los pecados condena,
su Amor nos da a manos llenas
como celestial primicia.

El Autor de mi existencia,
se humana para salvarme.
¡Oh..., cuánto tuvo que amarme!
Reduce su Omnipotencia,
mi humana forma tomando,
y a tal extremo se humilla,
que a aquel que su honor mancilla,
con su Amor lo está salvando.

Se somete voluntario
a la humana disciplina,
obediente se encamina
desde el pesebre al Calvario.
El que hizo los manantiales
sufrió la sed varias veces,
y también hambre padece
el que sustenta a las aves.

Vive entre los pecadores
y entre el hedor del pecado
Mas nunca fue de él manchado,
ni Satán con sus furores
logró hacerlo resbalar
ni rodar por la pendiente.
Fue mi salvador valiente
quien le llegó a derrotar.

Muriendo, venció a la muerte,
para darme eterna vida.
Es su amor tan sin medida,
que cambia mi triste suerte
de pecador condenado,
en hijo de Dios. Me alienta,
con su gracia me sustenta
y un hogar me ha preparado.

Donde al fin de mi carrera,
cuando aquí acabe mis días,
disfrutaré la alegría
de una eterna primavera.
Allí mi amado Señor
en celestial refrigerio,
revelará sus misterios
y las fuentes de su Amor.

No hay palabras suficientes
en el humano lenguaje
para rendir homenaje
a un Amor tan sorprendente,
que transforma a un ser perdido
haciéndolo noble y santo.
¿Y puede ser que ame tanto
cuando de El tanto me olvido?

¡Oh Dios...! Corrige y perdona
mi torpe agradecimiento.
Yo sé que Tú estás contento,
cuando busco en tu persona,
la solución que me ofreces
en mi quehacer cotidiano.
¡Oh Señor...! Hazme un cristiano
que te honre como mereces.

POR PARABOLAS

Por parábolas habló Jesús
para hacerse comprender mejor,
y al final, muriendo en una cruz
nos mostró su eterno y fiel amor.

Su mensaje celestial nos dio.
Sus palabras fueron la VERDAD.
Jesucristo siempre habló y obró
con suprema y santa autoridad.

Por su fiel manera de explicar
las verdades del reino de Dios,
a enemigos les hizo exclamar:
«Nunca un hombre así jamás habló...»

Su maravillosa voz, calmó
la terrible y fiera tempestad.
Y también, con esa misma voz
llena mi alma de preciosa Paz.

La Palabra de mi Salvador
quiero siempre obedecer aquí.
Derrotar con ella al tentador,
pues su fuerza viva mora en mí.

Y cuando mi vida al terminar;
cuando llegue a su eternal mansión;
con placer allí podré escuchar
el gentil caudal de su expresión.

PALABRAS DE VERDAD

Me entusiasma Señor, cuando leyendo
tu Palabra, descubro tu Omnisciencia,
Cómo a doctos y escribas sin conciencia,
sus preguntas respondes, confundiendo.

Paréceme Señor que te estoy viendo
diciendo las verdades, «sin embudos».
Oyendo tu saber, se quedan mudos,
tu sabia potestad reconociendo.

Estudian la manera de atraparte.
Provocan atrevidas situaciones.
Mas Tú, que lees también los corazones,
descubres su maldad sin inmutarte.

¡Hipócritas! —les dices claramente
a aquellos que por santos son tenidos.
Por eso, descubiertos y dolidos,
te quieren destruir cobardemente.

Con falsa acusación y cruel deseo,
envían ministriles a apresarte.
Mas dicen con valor, tras escucharte,
que «Nadie habló cual lo hace el Galileo».

Los fieles que escucharon tu voz tierna,
exclaman, cuando Tú les reconvienes:
¿Dónde iremos, Señor? Tú sólo tienes
palabras de Verdad y Vida Eterna.

Quisiera yo escucharlas obediente,
con santa devoción, como María,
y hacer que esas palabras fueran mías,
para cantar tu Amor continuamente.

Mi anhelo es imitar tu fiel postura,
diciendo la verdad, aunque ésta hiera.
¡Señor! Haz que mi vida sea sincera,
nadando en la verdad de tu hermosura.

LA JOYA ABANDONADA

Miradla, sobre el estante
de una hermosa librería.

Cualquiera al verla, diría,
que un libro tan importante,
está en el sitio adecuado,
embelleciendo el hogar.

Y no se ocurre pensar
que allí se encuentra olvidado.

Sus dueños lo han adquirido,
como un objeto curioso
que decora, y hace hermoso,
un ejemplar en su archivo.

Mas Dios, no dio sus secretos,
y los reveló a los hombres,
para que ellos, de su Nombre
tengan tan poco respeto.

Dios dice: —«En tu corazón
guardarás mi ley Divina.»
No en una hermosa vitrina,
para tu decoración.

Bien está que se conserve
como una carta del cielo.

No ha de rodar por el suelo,
cual objeto que no sirve.

Pero lo más lamentable,
es, que por indiferencia,
pierda el hombre la influencia
de un tesoro inagotable.

Tiene a su alcance, la vida
de bendiciones colmada.
En su Biblia abandonada,
está su suerte escondida.

Porque es despensa abundante
de verdadera fortuna.

Una joya cual ninguna,
que hace sabio al ignorante.
La Palabra del Dios Vivo,
es para los corazones,
y ha de verse en las acciones
de todos los redimidos.

EL ESPEJO

Tengo un espejo en mi mano,
que refleja claramente
la suciedad existente
en el corazón humano.

En este espejo me miro
para verme tal cual soy,
y compruebo, que no estoy
tan limpio como yo aspiro.

Es la Palabra Divina,
el maravilloso espejo
que muestra el vivo reflejo
de mi alma sucia y mezquina.

¡Cuántas cosas me señala
que en mi vida he de limpiar,
si quiero servir y honrar
al Dios que Amor me regala...!

Ante el Libro, reclinado
quiero estar continuamente.
Contemplarme humildemente
ante este Espejo Sagrado,

Para enmendar mis errores.
Para limpiar impurezas.
Para aumentar la belleza
cual jardín lleno de flores,

Que muestre al mundo, la Gloria
del que salvó mi alma hundida.
Con este espejo, en mi vida
andaré siempre en victoria.

EL GRAN TESORO

Es la Biblia el gran tesoro
que enriquece el alma mía.
De más quilates que el oro
es su gran Sabiduría.

Para todos los problemas
en la Biblia hay solución.
Dios me alivia a manos llenas
con su sabia dirección.

Como luz en noche obscura.
Como un faro en alta mar.
Es el bálsamo que cura
las heridas del pecar.

Cuando surge en mi camino
una incierta encrucijada,
con su reflejo Divino
muestra la senda acertada.

Por eso y por más, la adoro;
manantial de mi alegría...
Que es la Biblia el gran tesoro
que enriquece el alma mía.

La Cruz
y la Resurrección

ENCRUCIJADA

Postrado en Getsemaní,
Ved al Divino Señor
Sudando sangre por mí.
Agonizando de Amor.

El que tantas veces dijo:
«No temáis...», está temblando,
Pues siente horror al martirio
Que se le está avecinando.

No teme a las ataduras,
Ni a las espinas punzantes.
La hiel de sus amarguras
Es más profunda, más grande.

El cáliz que ha de beber
Contiene un brebaje amargo
Que inunda todo su ser
De un mortífero letargo.

Tiembla, porque ve llegar,
Cual nube densa y sombría,
El precio que ha de pagar
Por la maldad tuya y mía.

Le hace temblar, el pecado
Que ofende a su Santidad.
Le horroriza verse ahogado
En fangos de iniquidad.

Carga en su Vida Piadosa,
Con dignidad soberana,
La suciedad asquerosa
De las pasiones humanas.

Y sabe, que en consecuencia,
La Justicia del Dios Santo
Descargará en su inocencia
El más terrible quebranto.

Sabe que ha de soportar
El abandono del cielo.
Eso sí le hace temblar
Y hace más grande su duelo.

Salvar a la humanidad
Es su sagrada misión.
«Hágase tu voluntad...»
Clama al fin con decisión.

Tiembla; pero su temblor
De sobra es justificado.
¡Qué profundo fue el dolor
De mi Salvador Amado...!

Y TE DEJARON SOLO

Señor... Tú que a las gentes calmaste en sus do-
[lores,
que usaste en pro del hombre tu amor y tu poder,
qué mal están pagando tus múltiples favores.
No hay nadie que consuele tu humano padecer.

Y te dejaron solo, Señor..., te abandonaron
cuando más precisabas su apoyo y comprensión.
Aquellos que a tu mesa poco antes se sentaron
ahora te abandonan sin una explicación.

Mientras que estás orando con lágrimas ardientes,
bañado en roja sangre, como mortal sudor,
allí están los que amas, durmiendo indiferentes.
No se han dado ni cuenta de tu cruel dolor.

Uno, traidoramente con un beso te entrega,
te vende, así mostrando su necia ingratitud.
Después, otro cobarde, por tres veces te niega,
y Tú sigues sufriendo a solas con la cruz.

Los que hace unos momentos juraron no dejarte,
ahora te abandonan ante la adversidad.
¡Qué solo te dejaron...! De lo que soportaste,
nada fue tan amargo como tu soledad.

Tú solo ante la burla. Tú solo en el madero.
No hay nadie que te ayude, que alivie tu aflicción.
Soportas el martirio como un manso cordero
y solo, consumaste mi eterna redención.

Tan sólo de tus labios se oyó un triste lamento
cuando el Dios Justo y Santo te tuvo que dejar
porque mis rebeliones llevabas en tu aliento,
y en vez de acompañarte, te tuvo que juzgar.

¡Bendito Amor sagrado! ¡Bendito sacrificio
que alcanza para el mundo la bendición mayor...!
Tu muerte rompió el velo y fue el precioso inicio
de una amistad que enlaza al hombre y su Hacedor.

Aunque me causa pena pensar lo que sufriste,
tu soledad bendigo, pues yo que merecí
sufrir eternamente, en cruz me redimiste,
y aún abres hoy los brazos para abrazarme a mí,

EL AMOR CRUCIFICADO

¿Por qué mirando a la cruz
nuestros ojos se humedecen?
¿Por qué el alma se enternece
cuando contempla a Jesús,
de tal manera sufriendo
por la humanidad perdida,
¿Será que el alma dormida
su pecado allí está viendo?

Pensamos: ¿Cómo es posible
que nadie de El se conduela?
El corazón se rebela
ante un crimen tan horrible.
Siendo Dios, muy bien podía
evitar aquel suplicio;
mas acepta el sacrificio
con estoica valentía.

Quien a la cruz le sujeta,
no son los clavos punzantes.
Es su Amor. Su Amor triunfante,
quien logra que allí esté quieta
Su incomparable figura.
Aquel cuerpo Inmaculado,
que carga con el pecado
de las humanas criaturas.

No existe razón más fuerte.
Es ese Amor sin medida
el que logra eterna vida
para el que le da la muerte.
Hay tanto Amor escondido
en la cruz, que reverente,
hasta el más indiferente
la contempla conmovido.

Viendo en ella, la Bondad.
El Amor crucificado.
El Cordero Inmaculado
que salva a la humanidad.
Ante esa cruz soy culpable,
pues yo debía ocuparla.
¿Puede haber, quien al mirarla
no se sienta responsable?

VED AL HIJO DE DIOS

Ved al Hijo de Dios padeciendo
el castigo de la humanidad.
Por los mismos que está redimiendo
es clavado en la cruz sin piedad.

Causa horror contemplar a las gentes
que a su Rey han querido matar.
Y el Cordero de Dios dócilmente
al suplicio se deja llevar.

Fue tratado como un vil culpable.
Fue azotado como un malhechor,
cuando sólo podían acusarle
de hacer bien y ayudar con amor.

No fue sólo el dolor de los clavos
lo que en cruz padeció mi Jesús.
Fue cargar con mi negro pecado,
un dolor más cruel que la cruz.

Ahora está con los brazos abiertos
esperando abrazar al mortal.
Y en su abrazo de amor, el desierto
lo transforma en jardín celestial.

LO QUE VEO EN LA CRUZ

Veo en la cruz, al Señor
que está en mi lugar muriendo.
Veo al tierno Salvador,
que así me está redimiendo.

Veo el Amor, expresado
de la forma más sublime.
Veo a mi Dios angustiado
porque el pecado lo oprime.

Veo de Dios la justicia
sobre Cristo descargada,
y siento allí la delicia
de mi maldad perdonada.

Veo con Cristo clavado
mi pecado repugnante.
Veo a Satán derrotado
y a mi Salvador triunfante.

Veo a través de la cruz,
la Paz del Dios verdadero,
y un claro rayo de luz
que ilumina mi sendero.

Manan de allí, gozo y paz
como caudalosos ríos,
que su Divina Bondad
ha puesto en el pecho mío.

Veo mirando al madero,
la eterna y feliz morada
que el inocente Cordero
me tiene ya preparada.

Veo, en fin, de bendiciones
una interminable lista,
para aquellos corazones
que apropiaron su conquista

Viendo en la cruz, la victoria
de Cristo sobre el infierno.
Como un puente, que a la gloria
nos lleva; al destino eterno.

La cruz es, como el imán
que atrae nuestra atención.
Allí clavados están
los poderes de Satán,
triunfos de la Redención.

LA SENDA REDENTORA

La senda redentora
de mi Jesús amado,
fue cruel y agotadora;
de intenso padecer.
Se vio de sus amigos
sin causa abandonado.
Muy solo aquel camino
tuvo que recorrer.

Las gentes lo condenan,
le dan de bofetadas;
de espinas lo coronan
como a un vulgar bufón.
Lo azotan y le escupen,
pero El no dice nada.
¡Qué cara está pagando
mi eterna Salvación...!

La escolta, con fiereza
lo tratan, como a un reo.
Su humana fortaleza
no puede resistir,
y buscan que le ayude
Simón el cireneo.
Apenas si le queda
vigor para sufrir.

Se siente tan cansado,
tan débil y abatido,
que acepta con agrado
que a otro carguen su cruz.
Apenas se sostiene;
pero aunque está aturdido,
bendice al de Cirene
con santa gratitud.

Asciende la pendiente
del Gólgota, extenuado.
Su cuerpo se resiente
de aquel cruel dolor.
Acaban de quitarle
la cruz, mas mi pecado,
la carga más terrible,
la lleva en su interior.

Por fin llega a la cumbre,
su horrible matadero.
La inmensa muchedumbre
se burla sin cesar.
Pero Él, firme y tranquilo,
como un manso cordero,
soporta aquel escarnio
con ansias de salvar.

Soldados le despojan
sus ricas vestiduras;
sobre la cruz lo arrojan,
brutales, sin piedad.
Y aunque en su noble rostro
refleja la amargura,
ni un grito de protesta
se escapa de su faz.

Los clavos lo traspasan,
y sufre lo indecible,
sus carnes se desgarran
colgando de la cruz.
Mirándole, pregunto:
Señor... ¿Será posible
que nadie te defienda?
¡Oh, cuánta ingratitud...!

Palabras cariñosas
asoman a sus labios.
Verdades luminosas
de un Dios lleno de Amor.
Con sus manos abiertas,
perdona los agravios,
y abriendo está las puertas
del cielo al pecador.

Su muerte da la vida
al que en su Amor se ampara.
Su senda dolorida
se torna en bendición,
para el que humildemente
culpable se declara,
y acepta reverente
tan grande Redención.

¡Señor, tu sufrimiento
yo sé que no fue en vano,
de aquel cruel tormento
yo soy merecedor.
Mas Tú, de amor ardiendo,
tomaste mi pecado,
y en esa cruz muriendo
salvaste al pecador.

Bien sé que no soy digno
de tu misericordia,
Mas Tú, que eres Benigno,
perdona mi maldad.

Ante la cruz rendido
yo aspiro a darte gloria.
Acepta, ¡Oh Dios, te pido,
mi pobre voluntad...

LAS SIETE PALABRAS

¡Qué maravillosas, las siete palabras
Que Cristo pronuncia clavado en la cruz!
Mensajes de vida. Salud para el alma,
Y en cada palabra hay rayos de luz.

Palabras de vida, llenas de ternura,
al Padre pidiendo del hombre el perdón.
«No saben lo que hacen». Después se apresura
dando una esperanza al pobre ladrón.

Cura las heridas que el dolor ha abierto
en el noble pecho de su madre fiel.
Y cuando El suspira, diciendo: «Sed tengo».
Su sed sólo calman con vinagre y hiel.

«Dios mío, Dios mío. ¿Por qué me has dejado?»
Y el grito Divino produce un temblor
que al cielo estremece. Dios ve mi pecado
y a su Hijo abandona por darme su Amor.

Al ver que concluye su gran sacrificio;
Que Dios su Justicia en El ya cumplió,
dice: «Es consumado». Cumplió su servicio
y al Padre, su Espíritu al fin le entregó.

Palabras Divinas. Como manantiales
que sacian el alma, produciendo paz.
Mas no son de Cristo palabras finales,
pues son el principio de mi libertad.

MI SUSTITUTO

Son mis pies los que merecen
estar a la cruz sujetos,
porque mis pasos inquietos
se deslizan a pecar.
Pero Tú te compadeces,
y por verme libertado,
tus pies, que nunca han pecado,
traspasan en mi lugar.

Mis manos que practicaron
el mal, con deleite impío,
que incluso se levantaron
contra Ti, en mi desvarío,
sin castigo se quedaron;
y las tuyas, inocentes,
que hicieron bien solamente,
las clavan en lugar mío.

Tu frente está coronada
con espinas de tormento,
cuando son mis pensamientos
los que merecen castigo.
Benditas sienes llagadas.
Y además de que perdonas,
me guardas una corona
para gozarla contigo.

Yo merezco tus heridas.
Yo soy el gran pecador
que despreciando tu Amor,
debiera ser traspasado.
Pero tu Amor sin medida
transforma mi situación.
Tú ocupas mi posición,
y sufres por mi pecado.

Benditos sean los clavos
que tanto daño te hicieron.
Bendito el Dios justiciero
que sobre Ti descargó
su Justicia. Yo un esclavo,
soy libre por su clemencia,
porque Dios dictó sentencia
y en tu cuerpo se cumplió.

No lo entiendo totalmente,
mas te doy gracias Señor,
porque yo, un vil pecador,
tengo en Ti paz y consuelo.
Hoy me acerco humildemente
a ofrecer mi gratitud,
porque al morir en la cruz
me diste entrada en el cielo.

ANTE LA CRUZ

Señor... Tú padeciste por darme Eterna Vida.
Hacia la cruz subiste por darme Salvación.
Yo soy quien ha pecado y Tú sufres la herida.
Yo soy quien te ha ofendido y Tú me das perdón.

Quisiera estar clavado contigo en el madero,
y allí, que me llenaras de tu Divina Luz
para entender más claro tu Amor puro, sincero,
y el celestial mensaje que das clavado en cruz.
Pues soy muy ignorante, y aun siendo un redimido,
contemplo indiferente tu celestial favor.
Debiera estar ardiendo y estoy medio dormido.
¡Qué pobre es la cosecha que tiene en mí tu Amor!

Ayúdame a mirarte con agradecimiento.
Aviva en mí la llama de un nuevo amanecer.
Que aprenda a contemplarte sin falso sentimiento,
y alegre y abnegado, fiel cumpla mi deber.

Que en esa cruz maldita do a Ti te traspasaron
también queden clavados mi orgullo y vanidad,
y rotas las cadenas que mi alma aprisionaron
te sirva humildemente con santa lealtad.

RESPUESTAS DE AMOR

Señor, para rescatarme,
¡Cuánto hubiste de sufrir...!
Viéndote en la cruz morir,
No ceso de preguntarme:

Dios mío... ¿Cómo permites
Que te afrente el pecador?
Y la respuesta es Amor.
El más puro Amor que existe.

Porque no te están matando
Los clavos y las espinas;
Mi maldad, cual lanza fina
La vida te está quitando.

Y Tú soportas paciente
El dolor de aquel tormento,
Porque tras del sufrimiento
ves el triunfo, sonriente.

Aún te queda energía
Para morir perdonando.
Hoy te están crucificando
Los que Tú ayer socorrías.

A la humanidad perdida
Te has propuesto redimir.
Mi maldad te hace morir,
Y Tú a cambio, me das vida.

Jamás me pude explicar,
Que siendo Dios justiciero,
Vayas cual manso cordero
A morir en mi lugar.

Pero de Ti he recibido
Tanto Amor, tanta dulzura,
Que el no entender, no me apura,
Pues sé que me has redimido.

Eres el Conquistador
De mi alma pecadora.
Al que humillado te implora,
Le das respuestas de Amor.

EL TRIUNFO DE LA CRUZ

No me mostréis un Cristo agonizante
con cara lastimera y compungida.
El Cristo que en la cruz murió triunfante,
no puede estar tan triste y jadeante
después de la victoria conseguida.

Buscáis enternecer el sentimiento
mostrando su dolor y su inocencia.
Queréis verme llorar, y yo lo siento.
Mejor quisiera ver, remordimiento;
sentido de pesar en las conciencias.

Jesús murió en la cruz, porque alegría
quiso traer al mundo desdichado.
La cruz que yo contemplo, está vacía,
y no puede estar triste quien vencía
al mismo Satanás y a mi pecado.

La cruz me da valor, mas no tristeza.
Me infunde gozo y paz su fiel memoria.
Si Cristo allí triunfó, con El empiezan
mis males a perder su fortaleza.
Hermosa garantía de victoria.

LA FE MIA

No creo en un Cristo muerto
que hace sentir duelo y pena.
La fe no puede ser buena
si tiene el futuro incierto.

Cristo murió, esto es verdad.
Cargó en su cuerpo inocente
el pecado delincuente
de toda la humanidad.

Bajó al sepulcro humillante;
mas llegado el tercer día
dejó la tumba vacía,
resucitando triunfante.

La muerte no pudo hacer
mella en su cuerpo divino.
Su victoria abrió un camino
que yo anhelo recorrer.

Por eso miro a la cruz
con el alma agradecida,
no viendo el fin de una vida,
sino un principio de luz.

La cruz ya no me entristece.
Me hace cantar confiado,
porque en ella mi pecado
con Cristo desaparece.

Ahora Cristo no está
clavado en aquel madero.
Junto al Padre es Medianero,
hasta el día en que vendrá.

Cruz y tumba están vacías,
cual símbolos de victoria.
Cristo me espera en su Gloria.
¡Qué preciosa es la fe mía...!

RESUCITO

Flotando en la tristeza del ambiente
Se mueven muchas gentes, al pensar
Que Cristo ha fallecido nuevamente,
Un año y otro año, sin cesar.

El Héroe del Calvario, no está muerto.
La tumba no lo pudo retener.
Corred a su sepulcro y vedle abierto.
Jesús resucitó con gran poder.

Murió sólo una vez y ha redimido
Al mundo, mas cumplida su misión,
Dejó el frío sudario y ha vencido
El mal con su triunfal Resurrección.

La tumba que El usó, quedó vacía.
Los ángeles dijeron: —«No está aquí».
Y siguen repitiendo noche y día
El grito de victoria para mí.

De aquel tormento atroz que en cruz sufriera,
Tan sólo en El quedó la cicatriz.
La huella de un Amor que sólo espera
Salvar al hombre y verlo en El feliz.

Pero El está en el cielo, intercediendo
En pro de la perdida humanidad,
Como un fiel abogado, defendiendo
Las almas que suplican su piedad.

El triunfo de su Amor está logrado.
La puerta de los cielos ya se abrió.
El príncipe del mundo es derrotado,
Pues Cristo con poder RESUCITO.

LA GRAN VICTORIA

Murieron las esperanzas
de aquellos doce testigos.
Sus discípulos y amigos
creyeron desfallecer
cuando vieron al Maestro
clavado en la cruz maldita.
Sus ilusiones, marchitas,
no tienen razón de ser.

¡Tantas veces les hablaba
del dulce reino del cielo,
que en ellos nació el anhelo
de reinar con El un día!;
pero ahora, el que esperaban
ver en un trono sentado,
está muerto y sepultado.
Triste fin de su alegría.

Mas de pronto, en el recinto,
Cristo ante ellos se aparece.
Su pena se desvanece
cuando pueden comprobar
que es su Maestro Divino,
Jesús que ha vuelto a la vida.
La señal de sus heridas
no les permite dudar.

Cambia su tristeza en gozo
la presencia del Amado.
Su Cristo ha resucitado
y ellos lo tienen delante.
No es ninguna fantasía.
Tampoco es una visión.
Es real la aparición
de su Salvador triunfante.

No pudo la fría tumba
vencer al Sumo Hacedor.
Cristo salió vencedor
del sepulcro y de la muerte.
Y ahora a sus seguidores,
tras su muerte expiatoria,
les muestra la gran victoria
que alcanzó con mano fuerte.

«Id» —les dice—. «Proclamad
las nuevas al mundo entero.
Decid que fiel les espero,
humildes y arrepentidos
para darles Vida Eterna.
Que si en la cruz padecí,
a la tumba yo vencí,
y así les he redimido...»

Las palabras del Maestro
encienden sus corazones;
sus perdidas ilusiones
renacen con nuevos bríos.
Ahora ya no sienten miedo,
y con valor que admiraba,
el Evangelio anunciaban
como un noble desafío.

El secreto de la fe
y su valor bien probado,
es Cristo Resucitado,
la fuente de su energía.
A todos hace vibrar
aquel suceso innegable,
que Cristo, el Incomparable
resucitó al tercer día.

Evangelización

Para Jóvenes

DIOS ES AMOR

Dios es Amor, verdad inconfundible.
Dios es Amor. Y es tal su inmensidad,
que ante su Amor no existe el imposible,
y al pecador le ofrece eterna Paz.

Indigno soy de que El en mí pensara.
Yo sé que no merezco su perdón.
Mas con su Amor me limpia y fiel me ampara.
Su Gracia tengo, cual precioso don.

Dios es Amor, y lo es, de tal manera,
que a su Hijo dio por mi alma redimir,
y en cruz murió, para que yo tuviera
en su mansión, eterno porvenir.

Dios es Amor. Mas lo que no comprendo,
es que el mortal rechace su Bondad.
Desprecie el don de Dios, y esté escogiendo
su perdición por propia voluntad.

Dios es Amor, y mi alma lo celebra
dando alabanzas a mi Salvador.
Por su Bondad cambió mi suerte negra,
y hoy brilla en mí la lumbre de su Amor.

SE NECESITA LA FE

Los hombres, para vivir
necesitamos la fe;
aunque hay quien suele decir
que sólo cree lo que ve.

Quien sube en un autobús
tiene fe en el conductor,
y aun, sin entender la luz,
damos al interruptor.

Tomamos las medicinas
creyendo que es algo bueno;
nuestra mente no imagina
que pudieran ser veneno.

Sin fe, sería imposible
la vida del pecador.
Y es paradoja increíble,
que en lo más claro y tangible
dudemos del Creador.

Por todas partes hay pruebas
de su Divina existencia,
pero los hombres la niegan
con terca y dura insistencia.

Y negando lo sencillo,
usan fuertes argumentos
absurdos y sin sentido,
para lo cual han tenido
que usar fe, sin fundamento.

¡Tan fácil como es creer
en el Señor Poderoso...!
Su Palabra obedecer
es lo más dulce y hermoso.

Dios no es una fantasía,
sino hermosa realidad.
El alma que en El confía
ve las pruebas, cada día,
de su Divina Bondad.

¿QUE ES LA FE?

¿Quieres saber qué es la fe?
Es, como en día nublado,
saber que el sol no ha parado
su brillo, aunque no se ve.

Es, como en la obscuridad
sentir la voz de un amigo.
Notar que hay alguien contigo
en la oscura soledad.

Es, como aceptar el aire;
recibir su bendición,
aunque con nuestra visión
no podamos alcanzarle.

Así es la fe, el don sagrado
que recibimos del Cielo,
que despierta nuestro anhelo
hacia el que nos ha creado.

Tener fe, es vivir sintiendo
la presencia de un Dios puro.
Es, confiar en el futuro
cual si lo estuvieras viendo.

Quien tiene fe en Jesucristo,
vive confiado y consciente,
de que un Dios Omnipotente
todo lo tiene previsto.

SEMBLANZA

Pensativo y tal vez preocupado,
Un buen padre a sus hijos veía
En su juego infantil enfrascados
con algarabía.

229

De improviso, las puertas se abrieron
Dando paso a una ráfaga de aire,
Y asustados los niños corrieron
    en busca del padre.

De igual forma, a los seres humanos
Nos absorbe el afán terrenal,
Y de Dios sólo nos acordamos
    cuando algo va mal.

Pero nuestro Hacedor es paciente.
Y es tan grande su Amor hacia el hombre,
Que está atento, por si algún sufriente
    pronuncia su Nombre.

BUSCANDO ALEGRIA

Buscando alegría la gente se muere,
pues donde la busca, la dicha no está;
porque el falso goce que dan los placeres
es como una espuma que pronto se va.

El hombre descubre con mucha frecuencia,
que allí donde puso su fe y su ilusión,
no tiene sentido; sólo es apariencia...
Y su alma se llena de insatisfacción.

Busca, pero en vano, llenar los sentidos
de algo que produzca sensación de paz.
Mas, por el contrario, se halla confundido,
sintiendo el vacío de su soledad.

¡Ah... Si el hombre fuera a la viva fuente...
Si el manantial puro buscara, tendría
una nueva meta: Un nuevo aliciente.
Paz en su conciencia, Gozo y Alegría.

No sigas buscando la estéril manera
de saciar el alma. Busca algo mejor.
Sólo en Cristo se halla la paz verdadera.
Remedio infalible de un Dios Salvador.

230

FATAL CONSECUENCIA

Los preludios del pecado
son vivos y emocionantes.
Su atractivo es codiciado,
aunque luego el resultado
es cruel y repugnante.

Con cuánta facilidad
hasta el mal nos deslizamos.
Qué suave es la maldad.
Mas, qué breve y qué fugaz
el deleite que encontramos.

Produce en el corazón
un vacío y un pesar,
porque no hay satisfacción.
¡Qué amarga es la decepción
que el pecado sabe dar...!

Pues nunca llega a saciarse
el que a pecar va sediento.
Aunque debe resignarse.
¡Qué cara suele pagarse
la delicia de un momento!

Lo triste es, que la cordura
viene después, cuando el mal
ya está hecho, y su locura
nos produce la amargura,
que al fin se encuentra normal.

El astuto tentador
es genial e inteligente.
Pone su cebo traidor
disfrazado de esplendor,
como la antigua serpiente.

Introduce sin medida
el sucio y mortal veneno,
como droga apetecida,
y aunque le quita la vida,
el hombre lo encuentra bueno.

. Así obtiene su victoria;
y el pobre mortal perdido
ya no tiene escapatoria.
Satanás, entre su escoria
lo tiene muy bien cogido.

Aún hay algo más fuerte.
Dios condena al extraviado.
Esa sí que es mala suerte;
porque su paga es la muerte
y «todos hemos pecado».

Pero hay posible perdón
para el alma arrepentida.
Si buscas con atención,
hallarás la solución
en la Palabra de Vida.

IMITACIONES

(El que recita, debe llevar una flor artificial y otra natural.)

La flor que veis en mi mano,
es sólo una imitación
de lo que Dios ha creado.
Esta otra, puesta al lado,
no tiene comparación.

Hay una gran diferencia
en lo falso y lo real.
No puede haber competencia
entre la Divina Ciencia
y esta flor artificial.

El hombre ha logrado hacer
muy bellas imitaciones,
demostrando su saber,
llegando incluso, a vencer
sus propias limitaciones.

Pero lo que es Verdadero;
lo que el Creador ha formado,
es superior por entero
y no confunde al sincero
que le busca confiado.

El que anhela la Verdad,
aunque esté muy escondida
entre tanta falsedad,
brillará con majestad
y hará un gran cambio en su vida.

TRISTE CONDICION

El mundo es una gran feria,
donde el hombre indiferente
no advierte la parte seria
de su momento presente.

Ríe, gustando placeres
que entretienen sus sentidos.
Vive, sin notar que muere.
Sin ver que se halla perdido.

Con ritmo desenfrenado
se acerca a su desventura,
infiel y despreocupado,
sin ver su eterna negrura.

Vive sin darle importancia
ni a su alma, ni a su vida.
No tiene más esperanza
que disfrutar sin medida.

Cifra todo en la delicia
que el placer le proporciona.
Su afán y su gran codicia
es regalar su persona.

No admite que tras la muerte
haya otra vida. Un destino.
Para él, la tierra es su suerte,
y pasarlo bien, su sino.

¡Qué mezquina es la esperanza
que un tiempo tan breve dura...!
¡Qué meta más pobre alcanza
la indiferente criatura...!

Quisiera hacerles sentir
que se hallan equivocados:
que a Dios cuenta han de rendir
de todo lo que han obrado.

Que Dios les ama, y en Cristo,
como fiel prueba de Amor,
Salvación les ha provisto.
¿Puede haber algo mejor?

Pero el hombre, al escuchar
estas hermosas verdades,
no vacila en rechazar,
respondiendo necedades.

Se burla sin miramientos,
con atrevida osadía.
Ve al cristiano sentimiento
y dice que es cobardía.

¡Qué triste es la condición
del hombre que así razona...!
¡Qué pobre es el corazón
que sólo ve en su persona,

Materia, sólo materia;
tan sólo lo pasajero.
Vive la mundanal feria
sin sentir la parte seria,
y es, que va hacia el matadero.

¡Oh Señor, abre sus ojos
que están en la oscuridad!
¡Que ante Ti caigan de hinojos,
al comprender la verdad...!

Salva a este mundo perdido
de su cruel indiferencia.
Rompe su orgullo atrevido,
y despierta su conciencia.

Para que sientan el peso
del pecado en su persona,
y gocen el dulce beso
de su Dios que los perdona.

BUSCANDO AMOR

Amor; voy buscando amor
y en ningún sitio lo encuentro.
¿No habrá quien sienta en su adentro
su confortable calor?

En lugar de esa virtud
hallo al odio entronizado.
Egoísmo disfrazado
que apaga su hermosa luz.

Las gentes han confundido
su incomparable ternura,
con una caricatura,
y el amor sigue escondido.

Llamar amor, al placer
y a las bajezas humanas.
Esa influencia malsana
no es lo que anhelo tener.

Yo busco un amor distinto,
que aunque viva en la pobreza
conozca lo que es nobleza
y humanitarios instintos.

Amor desinteresado,
amor que goza sufriendo
por el ser que está queriendo
aunque esté muy mal pagado.

Eso es amor verdadero,
no humana palabrería.
Amor de tanta valía
no se compra con dinero.

Sólo mirando al Dios vivo
he visto un rayo de luz
que me muestra esa virtud
en grado superlativo.

Dios ama a la humanidad
y su Amor lo ha demostrado
enviando a su Hijo Amado
para darnos libertad.

Aquí está el amor que anhelo,
el que busqué sin cesar.
La tierra no puede dar
lo que es cosecha del cielo.

PRETENSIONES

La mente tranquila.
El alma serena.
La conciencia limpia,
sin remordimientos.

Un corazón noble.
La conducta buena...
¿Quién tiene en su vida
este sentimiento...?

Todos los mortales
siempre presumimos
de nobles acciones
que no son verdad.
Todas las bondades
que a otros decimos,
son muy diferentes
en la intimidad.

Somos egoístas
por naturaleza;
pero no nos gusta
el mal reconocer,
y lo disfrazamos,
porque da vergüenza.
Cubrir la apariencia
es nuestro placer.

Somos ante el mundo
muy buenas personas.
Nadie nuestra vida
puede reprochar.
«Hago el bien que puedo.»
—«No hago mal a nadie.»
Es la cantinela
«archipopular».

Pero Dios nos mira
y nos ve cual somos.
Su Verdad descubre
nuestra situación.

Son nuestras bondades
trapos de inmundicia.
El pecado inunda
nuestro corazón.

El ha prometido:
(si a Cristo aceptamos)
Nuevo nacimiento...
Novedad de vida.
Un obrar distinto,
de amor impregnado,
que nace de dentro
de un alma rendida.

Sólo Cristo puede
hacernos mejores.
Sólo triunfa el alma
que escucha su Voz.
El esfuerzo humano
sólo da dolores.
Lo que tú no puedes,
lo puede hacer Dios.

GANAR EL CIELO

El hombre quiere ganar
el cielo con obras buenas,
pero su eterna condena
así no podrá evitar.

No quieren reconocer
que Dios ya les ha provisto
a través de Jesucristo,
la eterna Paz de su ser.

Dios nos ofrece en su UNGIDO,
la única solución
que puede dar salvación
al mortal arrepentido.

Mas la humana ingratitud,
prosigue en su esfuerzo vano,
de ganarlo con su mano,
mientras rechaza la cruz.

Su orgullo le hace sentir
ansias de propia victoria,
y esa necia vanagloria,
al fin lo hará sucumbir.

Dios no acepta las razones
de sobra injustificadas.
El ve sucias y manchadas
nuestras mejores acciones.

Dios obra en nuestro favor,
y el hombre, por el contrario,
piensa que no es necesario
hacer caso de su Amor.

Pero el Divino decreto
se muestra con claridad.
Escucha su gran verdad
con el debido respeto.

Cristo nos ha redimido,
colmando nuestros anhelos.
Y nadie entrará en el cielo
por haberlo merecido.

DIVINO COMPLEMENTO

Tiene el hombre un sentimiento
en su interior, que lo inclina
hacia la Gracia Divina,
como buscando su aliento.

Y cuando más se da cuenta,
es en momentos de apuro.
Cuando se encuentra inseguro,
en su alma se acrecienta

Esa gran necesidad
que no acierta a comprender,
ni tampoco puede hacer
el sordo, porque es verdad.

Es algo tan innegable
como su propia existencia.
¿Por qué razón su conciencia
lo hace sentirse culpable?

¿Por qué en algunos instantes
sin querer, dice: ¡Dios mío...!?
¿Por qué siente este vacío?
que lo hace andar vacilante...?

La explicación siempre es nueva.
Dios puso en el ser creado,
su Imagen. El don sagrado
que hacia el cielo nos eleva.

Aunque de forma inconsciente,
y a través del sentimiento,
busca el hombre el complemento,
que es, el Dios Omnipotente.

No tratamos de negar
una realidad tan viva.
Sólo mirando hacia arriba
el hombre podrá encontrar,

La razón de su existir.
El alma ha sido creada
para estar relacionada
con quien la hizo vivir.

Aquí está la solución,
muy fácil de razonar.
Sólo en Dios se puede hallar
completa satisfacción.

¿DONDE VAS?

¿Adónde vas peregrino...?
¿Puedes decirme el lugar
Donde lleva tu camino...?
Si es hermoso tu destino,
Te quisiera acompañar.

Pero lo malo del caso,
Es, que no tienes certeza.
Caminas paso tras paso,
Temiendo un triste fracaso
Que acabe con tu entereza.

Muchos caminos te ofrece
El mundo, mas todos ellos,
Aunque hermosos aparecen,
Por ser falsos, no merecen
Tu atención ni tus desvelos.

Párate en tu caminar.
Sé razonable y detente.
Dios quiere tu alma salvar;
Puede tus pasos guiar
Si le sigues obediente.

Tal vez trazaste tu ruta
Con mucha sinceridad,
Y crees que es la correcta.
En tu opinión, es perfecta,
Y vas a la eternidad.

Con muy buenas intenciones,
Mas por senda equivocada.
Dios trazó el camino al cielo,
Y el que sigues, aunque bello,
No te sirve para nada.

Sólo Cristo es el sendero
Que a Vida Eterna conduce.
Tu esfuerzo, aunque muy sincero,
Te llevará a derroteros
Que condenación producen.

Deja la senda de muerte.
Toma el sendero Divino
Que tus problemas convierte,
Y tendrás, para tu suerte,
El más precioso destino.

¿Y NO QUEREIS VENIR A MI...?

(Juan 5:40)

SONETO

Al mundo descendí, por daros vida.
Mi cielo abandoné por rescataros.
Mi vida os entregué, para libraros
del mal que el alma os tiene dolorida.

Mi Amor no escatimé, fue sin medida.
Mi sangre derramé para limpiaros.
Ardiendo estoy, con ansia de entregaros
los goces de la tierra prometida.

¿Y no queréis venir a mí, anhelantes,
para que os dé la vida en abundancia...?
¿Qué más queréis de mí, aún no es bastante?

¿Acaso concedéis poca importancia
al grande Amor que ofrezco a cada instante?
¡Venid a Mí... Dejad vuestra arrogancia...!

CENTINELAS

La humanidad en peligro
vive de Dios olvidada.
Se dirige a un precipicio
sin darse cuenta de nada.

¿No habrá quien salga valiente
a dar un grito de alerta?
Diciendo al hombre: —Detente.
Mira al abismo, y despierta.

Decir, que son pecadores.
Que a Dios tendrán que dar cuenta
de sus maldades y errores,
que más y más se acrecientan.

Contarles, que hay un camino
por el que pueden librarse.
Hablarles del Don Divino.
Que en Cristo pueden salvarse.

Dios nos ha dado en el mundo,
la misión de un centinela,
que ha de avisar del peligro,
aunque al hacerlo se duela.

Porque si alguno perece
sin haber sido avisado,
tal negligencia merece
ser del Señor demandado.

Quienes cumplan dignamente
la labor de mensajeros,
han de ser héroes valientes,
que amen a Dios por entero.

Porque no es fácil la empresa.
Mas para los triunfadores
hay muy preciosas promesas
que compensan sus dolores.

Dios busca los centinelas
que den el grito de alarma.
Que se mantengan en vela,
en provecho de las almas.

¿Quién responderá con celo
esta demanda elocuente?
En el Reino de los cielos
hay lugar para valientes.

EL GOZO DEL SEÑOR

El mundo está infeliz, desengañado,
con ansias de encontrar paz y reposo.
El hombre busca y quiere ser dichoso,
mas siempre en su intención ha fracasado.

No puede ser feliz, quien la mirada
tan sólo tiene puesta en este suelo,
mas sí será feliz quien mire al cielo,
fijando allí su meta deseada.

El gozo mundanal, es pasajero.
Deleita, pero sólo es un instante.
Disfruta más, quien busca lo importante,
el Gozo del Señor que es duradero.

Habrá quien la fortuna le sonría,
quien goce del placer con abundancia.
Mas todo en sí carece de importancia
si el alma está sin Dios, triste y vacía.

El gozo verdadero, el que perdura,
lo tiene sólo un pecho redimido.
Feliz quien del Señor ha recibido
la fuerza que conserva el alma pura.

Si alguno se acongoja descontento,
y busca los deleites del pecado,
pudiendo ser feliz, vive amargado
a causa de su infiel comportamiento.

Dios quiere ver sus hijos sonrientes,
con la mirada puesta en sus deberes,
y El mismo les procura los placeres
que harán gozar al alma plenamente.

El gozo del Señor, ¡qué maravilla...!
No hay nada comparable a su hermosura.
Y Dios lo da tan sólo a la criatura
que humilde ante su trono se arrodilla.

EL AMIGO DEL ALMA

Es Jesús el amigo del alma.
Hay perdón junto a El para mí.
Sólo El da al corazón dulce calma,
y es su Amor el que me hace feliz.
Me salvó del horror del infierno.
Me da fuerza, fe y seguridad.

Ahora sé, que aunque ruja el averno,
mi destino con El será eterno.
No hay motivos de intranquilidad.
Muy amarga es la vida sin Cristo.
No hay belleza en el mundo sin El.
Hasta el cielo estaría muy triste
sin Jesús, el amigo más fiel.
Cuando mi alma está en pruebas sumida,
o sufriendo cruel tentación,
con su Amor cura y calma mi herida,
fortaleza me da sin medida,
y me llena de consolación.

Qué placer es sentir la presencia
del Divino Pastor, y en verdad,
disfrutar junto a El la experiencia
de su fiel y honorable amistad.
Nada temo si estoy a su lado.

Soy feliz con su Amor eternal.
De su paz siempre estoy rodeado,
y aunque trate de herirme el pecado,
El protege mi vida del mal.

¡Cuánto anhelo gozar las moradas
que en su hogar celestial preparó!
Ya vislumbró la eterna alborada
que al morir en la cruz conquistó.
Seré libre y perfecto en el cielo
donde nunca entrará la maldad.
Como allí no hay tristeza ni duelo,
no será necesario el consuelo.
Será eterna mi felicidad.

EL BUEN PASTOR

Cristo Jesús el buen Pastor
su vida dio para salvar
al alma infiel que se perdió
como una oveja, en su pecar.
Tal fue su Amor, que fue a la cruz
El, por su propia voluntad.
Quiso morir y conseguir
para el cautivo libertad,
y en su redil nos da feliz,
perdón, salud, amor y paz.

El Buen Pastor tiene Poder.
El, quiere darnos bendición:
Y hacer sentir en nuestro ser,
su fiel cuidado y protección.
Nos proporciona con placer,
pastos de Amor, aguas de Paz.
¡Con cuánto Amor, el Salvador
sobre sus hombros nos pondrá...!
Y si nos hiere el tentador,
con tierno amor nos curará.

Hay más ovejas, que no están
en el redil del Buen Pastor,
Y hemos de ir para decir
que por salvarlas El murió.
Que derramó sobre la cruz
su sangre pura, en mi lugar.
Vino a buscar y a redimir
a todo aquel que errante va.
Como un amigo amante y fiel
la Vida Eterna a todos da.

LA BUSQUEDA DIVINA

Dios busca entre los perdidos,
un sencillo corazón
que se vuelva arrepentido
en busca de Salvación.
Cristo le ofrece el consuelo,
perdón, salud, gozo y paz,
y una morada en el cielo
por toda la eternidad.

Dios busca entre los salvados,
un joven con decisión,
que cual valiente soldado
defienda su pabellón.
Que no se canse en la lucha.
Que sepa perseverar.
y que esté siempre a la escucha
del que ha de hacerlo triunfar.

¿Quién responde al llamamiento?
¿Quién a Dios responderá
aprovechando el momento?

Después, ya tiempo no habrá:
Un día, al fin de la «cuesta»
nos dolerá ante el Señor,
no haber dado fiel respuesta
a su «búsqueda» de Amor.

EL CREADOR

El Creador del ancho mar,
cuando perdido me encontré,
mi corazón vino a salvar,
y hoy en su Amor vivo por fe.

El inocente Salvador
en mi lugar quiso morir.
Sufrió en la cruz, cual malhechor
para poderme redimir.

Que todo un Dios me pueda amar
yo no lo puedo comprender.
Mas sin llegarlo a descifrar,
quiero su Amor corresponder.

Yo no merezco su favor.
Mas por su Gracia salvo soy.
Sin merecer su inmenso Amor,
sé que por El al cielo voy.

Por eso canto sin cesar;
porque El llenó mi corazón
de paz, de amor, de bienestar...
¡Qué incomparable Bendición...!

LEJOS DE DIOS

Lejos de Dios yo vagaba
sin rumbo y sin dirección,
pero Jesús me buscaba
para darme Salvación.

Era mi andar, como un ciego
perdido en la oscuridad.
Cristo alumbró mi sendero
con su Divina Verdad.

Yo era la oveja perdida
y El el Divino Pastor
que buscaba mi alma herida
para curar mi dolor.

Llegó a mi sucia conciencia,
haciéndome comprender
que tan sólo su Clemencia
me podía restablecer.

Salvó mi alma del pecado
muriendo por mí en la cruz.
Mi oscura senda ha cambiado
en un oasis de luz.

Y espero el día glorioso,
cuando al fin podré gozar
en el eterno reposo
junto al amigo sin par.

SIN RUMBO FIJO

Sin rumbo fijo en el mundo vivía
        sin Dios y sin fe.
Lleno de dudas y haciendo preguntas
        respuesta no hallé.
Yo deseaba encontrar la verdad,
y la buscaba con triste ansiedad,
mas sólo hallé gran falsedad.
¿qué es esta vida? —pensé:
¿por qué ese afán de vivir...?
Yo no podía entender
la razón de mi existir.

Hasta que un rayo de luz
mi duda al fin disipó,
Supe que Cristo en la cruz
me redimió.

Desde que supe que Dios me buscaba
por darme su amor,
Mi vida entera cambió, porque Cristo
es mi Salvador.
Ya soy feliz porque hallé la verdad,
Mi alma rebosa de tranquilidad,
y cantaré que tengo paz.
Vale la pena vivir
para su Amor disfrutar.
Ya no le temo a morir.
Tengo en el Cielo mi hogar.
Mientras que viva diré
lo que en mí ha hecho el Señor,
y hasta el final cantaré,
Dios es Amor.

TESTIMONIO

Vagando en triste soledad
por este mundo mi alma fue,
buscando paz
y amor veraz,
sólo amarguras encontré.
Mi corazón desengañado
clamaba al cielo por piedad.
Y Dios me contestó.
Mi senda iluminó.
Mi alma en El halló
perdón y paz.

Es muy amargo comprobar
que en este mundo no hay amor.
No hay amistad.
Nada es verdad.
Sólo hay maldad, odio y rencor.
Pero mi alma está tranquila,
porque en mi Dios logré encontrar
un tierno Salvador
que me mostró su Amor
cuando en la cruz murió
en mi lugar.

Ya no es amargo mi existir,
aunque en el mundo igual estoy.
Soy muy feliz
con mi Adalid.
Cantando alegre siempre voy.
Y aun en trances apurados,
cuando me acosa el tentador,
aprendo a confiar,
y en Dios siempre esperar,
pudiendo comprobar
su Fiel AMOR.

Vida cristiana

Para Jóvenes

ME LLAMAIS SEÑOR...

SONETO

Me tratáis de Señor, y ciertamente
muy justo es que me déis tal tratamiento.
Si veis que son de Amor mis mandamientos,
¿por qué no obedecéis humildemente?

¿Acaso no habéis visto suficientes
señales de que soy fiel y no miento?
En vano espero vuestro acatamiento.
Yo busco el corazón y no la mente.

De labios sólo honráis el Nombre mío.
¡Qué fácil es decir cosas hermosas...!
Palabras que caerán en el vacío.

Prefiero, que mi fuerza silenciosa
se mueva en vuestro espíritu con brío,
y hagáis, en vez de hablar, obras piadosas.

«PONED LA MIRA EN LAS COSAS DE ARRIBA»

(Colosenses 3:1)

¿Adónde vas, mi hermano peregrino?
¿Qué buscas entre el fango de este suelo?
Mejor será que mires hacia el cielo,
y allí verás trazado tu camino.

Dios rige soberano tu destino,
y El sabe responder a tus anhelos.
Si esperas fuera de El hallar consuelo,
verás que son punzantes los espinos.

La senda del Señor, podrá ser dura,
pero es clara, cual agua cristalina.
Sin falsos espejismos ni ataduras.

Celestes resplandores la iluminan,
y el alma experimenta la dulzura
de andar y hablar con Dios, en paz divina.

EL LLANTO

Llorar; poder llorar amargamente
cuando una pena azota nuestra vida,
es bálsamo que calma las heridas;
alivio y desahogo del sufriente.

Qué triste es, quien no puede ser torrente
dejar salir de su alma dolorida.
El fuego que en las lágrimas se anida,
devora su interior cual lava ardiente.

Llorar no es malo, el llanto rehabilita
Jesús también lloró muy conmovido,
y tras su llanto a un hombre resucita.

Quien llora, es con amor compadecido;
quien no puede, que más lo necesita,
consúmese en su pena, inadvertido.

DEL REINO DE LAS FLORES

El mundo extraordinario de las flores,
tan llenas de belleza y colorido,
nos da con su esplendor, buenas lecciones,
ejemplos de admirable contenido.

La rosa es sin igual, mas tiene espinas
que hieren, si tratamos de cogerlas.
Lo bello y lo cruel se compaginan
lo mismo que al buscar las ricas perlas.

Hay otras, que al pisarlas, normalmente
nos dan de su fragancia incontenida.
Imítalas. Perfuma tú el ambiente
cuando alguien te haga daño en esta vida.

CUANDO MIRO

Cuando miro la efímera flor
que embellece el hermoso jardín,
me recuerda la voz del Señor
comparando a la vida y su fin.
Su hermosura, sólo es vanidad.
Es muy breve su bello esplendor.
Así es la cruel realidad
de la vida, sin un Salvador.

Cual la nube que pasa veloz
dando paso a la fuerza solar,
es la vida del que espera en Dios.
Y la muerte, un feliz despertar.
Como nube, derrama al pasar,
el emblema de su bendición;
lluvia fresca que hace germinar
la esperanza en algún corazón.

Como el canto de aquel ruiseñor
que nos causa genuino placer,
es el alma del fiel servidor
que a su Dios trata de obedecer.
Su humildad, es el canto feliz
que despierta interés y atención.
El poder de un cristiano vivir
es el más elocuente sermón.

EN EL REINO DE DIOS

En los jardines del Rey celestial
hay, entre todas, la más bella flor.
Con su fragancia redime al mortal,
y es el emblema del Dios Creador.
No hay como ella, otra flor tan gentil
que ofrezca al hombre mejor bendición.
Es el AMOR, que de eterno jardín,
Dios ha plantado en mi infiel corazón.

En los dominios del Reino de Dios
hay una cumbre que anhelo escalar.
Allí me invita a que suba, el Señor,
si es que en mi vida yo quiero triunfar.
Esa pendiente que cuesta subir,
es LA OBEDIENCIA al Divino Señor,
que nos anima a sus leyes cumplir
con fe y constancia, cantando su Amor.

En los tesoros del Reino de Dios
hay una joya que debo lucir.
El mismo Cristo en su vida llevó,
y en El brilló siempre, hasta el morir.
Es esta joya especial, LA HUMILDAD
que ha de adornar nuestro servicio fiel.
Si a nuestro Rey pretendemos honrar,
hay que imitarlo y obrar como El.

SI ASPIRAS

Si aspiras a ser algo en esta vida,
procura conseguirlo noblemente.
Mejor es progresar muy lentamente,
que andar con la conciencia malherida.

No es fácil adoptar esta medida.
Supone, navegar contra corriente.
Mas piensa, que el que sube inconsecuente,
tendrá mayor castigo en su caída.

Tener aspiración, es don Divino.
Hacer algo importante, es noble empresa
que al hombre dignifica en su camino.

Mas, si para lograrlo has de hacer presa,
hiriendo sin escrúpulo al vecino,
detente, porque mala gloria es esa.

SI QUIERES VENCER

Si aspiras a ser vencedor,
no te olvides hermano que habrás de luchar.
Los hijos del reino de Dios
Sin esfuerzo y valor no podrán prosperar.
Si pones tu mano al arado,
No mires atrás, que te puedes caer.
A Cristo tendrás que mirar
y su ejemplo imitar, si es que quieres vencer.

Si aspiras a Dios agradar
Deberás estudiar su Palabra de Amor.
Rendido con fe y humildad
de su santa verdad ser un fiel hacedor.
No busques la gloria del mundo,
Su aspecto fecundo sólo es vanidad.
Procura las huellas seguir
del que vino a morir para darte la paz.

Si aspiras al cielo llegar
Has de perseverar como un fiel paladín.
Jesús prometió una corona
Al que no le abandona y le sigue hasta el fin

La senda podrá ser pesada
Mas no será nada si tienes valor.
Y allá encontrarás la morada
Por El preparada para el vencedor.

LA ORACION

Un puente hay en la vida del cristiano,
que es cauce y manantial de bendición.
En él, con su Hacedor se da la mano.
El puente sin igual, es la Oración.

Cruzando está el abismo de la vida,
por cima de las penas de este suelo.
En él son suavizadas las heridas.
El él encuentra el alma fe y consuelo.

Por él quisiera yo, constantemente
hablar con mi Señor que me ama tanto.
¡Qué hermoso es pasear por el gran puente
que une al pecador con el Dios Santo!

EL TELEFONO DIVINO

Dios ha provisto a su pueblo
un teléfono infalible,
para cuando precisemos,
con El nos comuniquemos;
que siempre está disponible.

Une la tierra y el cielo,
al Creador con sus criaturas,
y en los momentos de duelo,
por él desciende el consuelo
que alivia las penas duras.

Su auricular es la fe.
Su número, la esperanza.
El cable que hace el contacto
es el Espíritu Santo
que a cualquier rincón alcanza.

No hay peligro de averías
en la celeste central.
Dios la atiende noche y día,
esperando al que confía
en su influencia especial.

No ha dejado a ningún ángel
esta tarea sagrada.
Cuando llama algún creyente,
El mismo, personalmente,
atiende nuestra llamada.

Es como un bello misterio
que da fuerza al corazón.
El Dios de Amor nos perdona
y con El nos relaciona
por medio de la oración.

Bendito sea mil veces
el teléfono divino,
que lo hace todo posible.
El celestial combustible
que mueve nuestro destino.

COMUNION

Es Cristo mi Señor,
La Luz y la Verdad.
Me inunda con su Amor
de santa claridad.
Con El yo soy feliz.
Su voz me infunde Paz.

Nada hay como sentir
en mi alma su bondad.
Aunque soy pecador,
yo tengo su amistad.
No puede haber mayor
felicidad.

Al huerto de oración
me llama sin cesar.
Su inmensa bendición
allí me quiere dar.
¡Poder hablar con El...!
Sentir que el corazón
rebosa del placer
que da su comunión...
¡Qué hermoso es comprobar
que no es una ilusión...!
Que mi alma objeto es
de su atención.

EN LA PRUEBA

Cuando algún vendaval tu vida agite,
y tu pecho el dolor tenga oprimido,
no preguntes a Dios, «por qué permite».
Di más bien, para qué lo ha permitido.

Porque El tiene un propósito, y tu herida
es sin duda un peldaño, que aunque estrecho,
Dios lo ha puesto queriendo que en tu vida
desarrolles tu don con más provecho.

Si es que anhelas ser fiel, sufre y espera.
Recuerda que el Señor te está guiando,
y al final, cuando esfume tu quimera,
sabrás por qué en su amor te está probando.

Siempre no durará lo que hoy padeces;
todo aquí en esta vida es pasajero.
Tras la noche, radiante el día aparece
deslumbrando hasta el último lucero.

Si Satán te empujara hacia el pecado,
resiste hasta triunfar como un valiente.
Que también Jesucristo fue tentado
y jamás resbaló por la pendiente.

EL PESO DEL ALMA

Juventud que en problemas te mueves,
amargando tu hermosa existencia.
En la lucha te falta experiencia,
y vencer con tus fuerzas no puedes.

Pesa mucho un problema en la vida;
y buscando un alivio a esa carga,
has gustado experiencias amargas
que aún han hecho más grande la herida.

Los que viven y están a tu lado,
comprender tu dolor no han sabido.
¿Tan difícil es ser comprendido
por los mismos que esta hora han pasado?

Sólo Dios la respuesta ha de darte,
porque sabe entender tu problema.
El conoce el sencillo sistema
que podrá de tus penas librarte.

Corre a Cristo con tus aflicciones.
El jamás te dará un desengaño.
Y las pruebas que hoy te hacen daño,
con su amor cambiará en bendiciones.

LAS LECCIONES DE DIOS

¿Dónde vas tan preocupado,
con el alma entristecida...?
Te ha dado un golpe la vida
y te hallas desconsolado.

Lógico es que estés dolido;
pero no te aflijas tanto,
que no merece tu llanto
la experiencia que has vivido.

Esta lección convincente
hará gran mella en tu vida.
Lo que enseñan las heridas
no se olvida fácilmente.

Mas no des mucha importancia
a este dolor pasajero,
antes que tú, otros sufrieron
parecida circunstancia.

Esto que ahora no entiendes
y hasta te parece raro,
un día verás muy claro
que Dios de un mal te defiende.

Porque si el Señor consiente
que el dolor te esté azotando,
es porque en ti está forjando
el carácter de un valiente.

Así que, en vez de quejarte
a causa de tu dolor,
mas bien, pregunta al Señor
qué cosa quiere enseñarte.

Y alegra tu corazón,
que Dios te ama, y espera
que le des tu vida entera
con valiente decisión.

¿DE QUE TE SIRVE...?

¿De qué te sirve ser joven
si vives peor que un viejo,
desechando el buen consejo
que la experiencia te da?
Malgastas tus energías,
sin ver que tarde o temprano,
tu cuerpo, hoy fuerte y sano,
su juventud perderá.

¿De qué te sirve vivir
en la hermosa primavera,
si tu alma, ni se entera
de tan rica bendición?
Posees un gran tesoro
al que no sacas substancia.
Vives sin dar importancia
a tu especial situación.

No tratas de aprovechar
el caudal de tu alegría,
fuente vital de energía
que te brinda el Creador.
Y pierdes glorias eternas,
por tu indolente descuido.
¿Puede ser que un redimido
se olvide del Redentor?

Medita en el privilegio
que Dios te da en esta hora.
La juventud que atesoras,
muchas cosas puede hacer.
Busca por todos los medios,
ser útil mientras vivieres.
Dios te ayudará, si quieres
su Palabra obedecer.

Hay poderes infernales
que con engaño te buscan;
no dejes que te conduzcan,
ni que las fuerzas te roben.
Si incauto caes en las redes
de su influencia maldita,
permíteme que repita:
¿DE QUE TE SIRVE SER JOVEN...?

QUIEN QUIERA...

El joven que quiera vivir
honrando a Jesús con amor,
humilde tendrá que seguir
las huellas de su Salvador.

El joven que quiera triunfar,
y a Cristo su triunfo ofrecer,
recuerde su frase sin par:
«SIN MI NADA PODEIS HACER».

Quien quiera por El trabajar,
Jesús sabiamente advirtió:
«QUIEN VIVE MIRANDO HACIA ATRAS
NO ES APTO EN EL REINO DE DIOS».

Quien quiera seguir a Jesús,
no olvide, que habrá de luchar.
«TOMAR CADA DIA SU CRUZ»
y alegre su Amor proclamar.

ESPINAS DEL ALMA

1.ª Entre la belleza
     de esta vida en calma,
     hay muchas tristezas.
Espinas del alma.

2.ª Que azotan y hieren
   cual flechas punzantes.
   ¡Cuánta pena tienen
   muchos caminantes...!

3.ª Buscando el consuelo
   que alivie su herida,
   han visto con ello
   la ilusión perdida.

4.ª Porque el falso amigo
   con sus desengaños,
   en vez de un alivio,
   les hizo más daño.

6.ª ¡Mira hacia los cielos...!
   y allí en lontananza
   verás una estrella
   de amor y esperanza.

5.ª ¡Oh mortal que sufres
   y te desesperas,
   Dios quiere ayudarte;
   quitar tus quimeras.

7.ª Deja al Dios Potente
   que guíe tu destino.
   Verás sorprendente
   cuánta paz se siente
   yendo en su camino.

METAMORFOSIS, O DEL FANGO A LA FLOR

Como un gusano
Yo me arrastraba
Entre la escoria
Y el lodazal.

Vana esperanza
Me sustentaba.
Sólo los goces
que brinda el mal.

Mas vino Cristo
A mi pobre vida,
Y al vil gusano
Lo transformó,
Tras un proceso
De maravilla,
Mi inmunda suerte
Su amor cambió.

Me ha puesto alas;
Cual mariposa,
Mi vida en Cristo
Puede volar.
Y al elevarme, es
Maravillosa
La paz que puedo
En El disfrutar.

Me siento libre...
¡Qué gran delicia!
Aunque la fuerza
De gravedad
Aún me atrae;
Mas la inmundicia
Ya no oscurece
Mi libertad.

Ahora lo veo
Todo distinto.
Se ha renovado
Mi situación.
Lo que antes era
Cual laberinto,
Hoy es oasis
De bendición.

Como entre flores
Mi alma camina,
Gustando el néctar
Que hace la miel.
Y aunque al pinchazo
De alguna espina
Brote la sangre,
Mi Dios es Fiel.

Abajo queda
El lodo fangoso,
Donde no quiero
Volverme a hundir.
Mi alma se eleva
En vuelo airoso,
Pues es mi anhelo
A Cristo servir.

Todo ha cambiado
En mi existencia
Con la llegada
Del Salvador.
Yo soy un fruto
De su Clemencia,
No hay en la vida
Nada mejor.

ANHELOS

Divino lucero
que viniste al mundo
buscando del hombre
la eterna ventura,
perdona, te ruego,
mi pecado inmundo,
y hazme por tu Gracia
una nueva criatura.

Bien sé que no puedo
hasta Ti llegarme
por mi propio esfuerzo,
pues soy pecador.
Tan sólo pretendo
que quieras limpiarme
y hagas de mi vida
algo de valor.

Quiero ser humilde,
imitar tu ejemplo,
anhelo agradarte
como siervo fiel
donde Tú me pongas,
lo mismo en el templo
do acude a adorarte,
que fuera de él.

No tomes en cuenta
mis muchos defectos,
y dame Tu ayuda
para conquistar
una vida santa,
ser cual Tú, perfecto,
y en tus mandamientos
poderme gozar.

Ten misericordia
de mi insuficiencia.
Hazme un fiel creyente,
noble y servicial.
Que esté en mi memoria
siempre tu Clemencia,
para obedecerte
con amor filial.

¡SEÑOR, YO QUIERO...!

Señor, yo quiero ser humilde.
De Ti, Señor, quiero aprender.
Seguiré las huellas de tu Amor.
Tu voz quiero obedecer.

Señor, yo anhelo ser sincero.
Hablar y hacer siempre verdad.
Imitar tu ejemplo con valor.
Huir de la falsedad.

Señor yo quiero consagrarme.
Mi vida a Ti quiero ofrecer.
Tuyo soy; dispón de mí, Señor.
Sin Ti nada puedo hacer.

Señor, mi anhelo es ofrecerte
el fruto de tu excelso don.
Que otras almas pueda yo guiar.
Mostrarles tu Redención.

QUISIERA SER...

Quisiera ser como una flor
que a todos su perfume da.
Con su fragancia y su color
adorna el sitio donde está.
Quisiera ser humilde y fiel
como Jesús y perdonar
al que cruel quiera esa flor
                deshojar.

Quisiera ser como la luz
Brillando en plena obscuridad.
Antorcha fiel, que de la cruz
proclame al mundo la verdad.

Como la luna transmitir
la clara luz del astro rey,
y las tinieblas disipar
        con su ley.

Quisiera ser como la miel,
la que destila del panal,
y dulce néctar ofrecer
en la amargura mundanal.
Pagar el odio con amor,
y la traición con lealtad.
La vida toda en derredor
        endulzar.

HONRANDO A JESUS

Si quiero honrar a Cristo
mi Salvador amado,
tendré que obedecerle
y hacer Su voluntad.
Vivir correctamente
con noble sencillez
y desechar prudente,
la falsa brillantez.

Si mi Señor es Santo,
también yo debo serlo.
Si El es humilde y manso,
lo tengo que imitar.
Si Cristo es Verdadero,
no debo yo mentir.
Si Amor me da, yo quiero
Su Amor fiel repartir.

Si Dios ha perdonado
mis muchas rebeliones,
a todos, sin enfado,
yo debo perdonar.

Siguiendo sus pisadas,
a Cristo yo honraré.
y al fin en sus moradas
por siempre viviré.

ENAMORADO DE MI DIOS

Estoy enamorado de mi Dios.
Su Amor supo mi alma conquistar.
El eco incomparable de Su Voz,
Mi pobre corazón hace temblar...
Me siento muy feliz, si estoy con El
Oyendo Su Palabra de Verdad.
¡Qué hermoso es escuchar al Padre Fiel...!
Teniendo el gran placer de Su Amistad.

Tesoro incomparable es mi Señor.
No hay nadie que resista Su Poder.
Su mano, el firmamento diseñó.
Su Imagen El grabó sobre mi ser.
Por darme salvación y libertad
clavado en una cruz murió por mí.
Al mundo que se ahoga en la maldad
Diré, que por Su amor salvado fui.

Yo amo a mi Precioso Salvador.
Mi senda la ilumina con su luz.
La fuerza irresistible de su amor
Me llena el corazón de gratitud.
Y sé, que aunque un mortal indigno soy,
Por siempre en Su presencia viviré.
Al cielo, que es mi hogar, cantando voy,
Do al fin Su Majestad contemplaré.

DIOS QUIERE USARME A MI

Oigo la voz del Señor
que me llama en su Reino a servir.
Muy urgente es su labor
y El quiere usarme a mí.
A pesar de mis flaquezas
El sus fuerzas me dará,
y al final, en mi cabeza
su corona me pondrá.

Tengo un sagrado deber
que me impone mi amado Señor.
Buscar al pueblo infiel
y hablarles de su Amor.
Aunque el mundo me avasalle
y haga burla de la cruz,
no hay labor más agradable
que servir a mi Jesús.

Siento en mí, debilidad,
un impulso a dudar y a caer,
mas Cristo y su Amistad
me hacen restablecer.
No importa mi flaqueza.
¡Aquí estoy! ¡Héme aquí...!
¡Tú eres mi fortaleza...!
¡Señor...! ¡Usame a mí!

JESUS AMIGO FIEL

Jesús, mi amigo fiel,
protégeme del mal,
que el enemigo, cruel
me quiere derrotar.
Tú ves cuán débil soy,
mas Tú me harás vencer.

En Ti confiado estoy,
descanso en tu poder.

La lucha es desigual,
me puede el tentador.
Mas tú, mi General,
infunde en mí valor.
Ayúdame a seguir.
Tu ejemplo de virtud.
Enséñame a subir
la cuesta con mi cruz.

Mis dudas y temor
lo arrancas de raíz,
y en medio del dolor
contigo soy feliz.
Tu amor llenó mi ser
de luz, de gozo y paz.
Qué hermoso es siempre hacer
tu santa voluntad.

RECONOCIMIENTO

Señor, yo soy muy malo,
mas... ¡cuán bueno eres Tú!
Tu amor es un regalo
constante de salud.
Son tantas tus bondades,
que mi alma anonadada
se rinde a Ti humillada,
postrada ante la cruz.

Señor, yo soy muy necio,
mas, ¡cuán sabio eres Tú...!
No hay límite en tu ciencia,
ni freno en tu saber.
Tú sabes lo que hago,

Tú sabes lo que siento,
y nada a tu presencia
jamás puedo esconder.

Señor, yo soy muy pobre,
mas, ¡cuán rico eres Tú...!
De todos los tesoros
eres dueño y señor.
Mas de entre todos ellos,
hay uno incomparable,
es el tesoro inmenso
de tu infinito amor.

Señor, yo soy muy débil,
mas, ¡cuán fuerte eres Tú...!
El Todopoderoso
Mi Padre Celestial.
Tú tienes en tu mano
la vida de colosos,
Tú riges los destinos
del orbe sideral.

Señor, yo soy pequeño,
mas, ¡cuán grande eres Tú...!
Tu fuerza y tu qrandeza
no tienen dimensión.
Tú flotas en el aire,
Tú estás en lo infinito,
y llena tu presencia
mi pobre corazón.

Señor, yo no soy nada,
mas, ¡todo en mí eres Tú...!
Quisiera estar fundido
en tu eternal Bondad.
Vivir como Tú quieres,
andar en tus caminos.
Humilde y obediente
hacer tu voluntad.

CONFESION

Yo te pido, Señor, que me perdones.
Ayúdame, pues sólo no haré nada.
Y sé que en tu Poder, son mis pasiones
        controladas.

Hasta ahora fue vano todo intento.
Mis esfuerzos y luchas no han bastado.
Quise obrar por mi cuenta, y hoy me siento
        fracasado.

Me impuse disciplinas, y he vivido
luchando con tesón y voluntad;
y al fin de tanto esfuerzo, todo ha sido
        vanidad.

Sujétame muy fuerte. No permitas
que vuelva a fracasar y así a ofenderte.
Si Tú en mi corazón por siempre habitas,
        seré fuerte.

Soy débil de los pies a la cabeza.
Lo he visto en incontables ocasiones.
Mas Tú puedes sacar de mis flaquezas,
        bendiciones.

Controla ¡Oh Dios! lo que hago y lo que pienso.
Sostenme y guía mi alma en tu camino.
Tú eres Dios; yo sólo un indefenso
        peregrino.

Atiende mi oración, que es el gemido
de un pobre corazón, con fe sencilla.
Confiando en tu bondad, hoy te lo pido
        de rodillas.

OFRENDA

¡Señor, yo quiero darte
lo mejor de mi vida!
Feliz vengo a ofrecerte
mi fuerza, mi vigor.
No permitas que ande
con el alma dormida,
descuidando indolente
mi sagrada labor.

No quisiera llegarme
a tu santa presencia
con las manos vacías,
sin poderte ofrecer
algún fruto agradable,
muestra fiel de obediencia,
que a mí me haga más noble,
y a Ti cause placer.

Mi espíritu está presto
y ansía obedecerte,
mas no puedo a la carne
su impulso controlar.
Ayúdame, te ruego.
Contigo seré fuerte,
y lograré los frutos
que anhelo cosechar.

¡Señor, llena mis manos.
Mis obras ennoblece.
Enséñame a servirte
con santa lealtad.
El que en tu amor confía,
triunfante prevalece.
¡Señor, quiero ser digno
de honrar tu majestad!

POR SUS FRUTOS...

Un cristiano en esta tierra,
si es cristiano de verdad,
dentro de su pecho encierra
savia de fecundidad.

Cristo dijo: que en la vid,
hasta el más débil sarmiento
debe dar fruto. Feliz
quien cumple este mandamiento.

Y también, muy sabiamente
explicó a sus escogidos,
que un verdadero creyente
por su fruto es conocido.

En quien vivió la experiencia
de un nacimiento divino,
se ha de ver la diferencia
adornando su camino.

Es el Espíritu Santo
quien produce el fruto hermoso.
Su poder, obra el encanto
de un carácter provechoso.

¡Qué triste es ver a cristianos,
o que dicen que lo son,
con un testimonio vano,
sin fruto en el corazón!

Un cristianismo sin frutos,
es como un jardín sin flores.
No hay belleza ni provecho;
no habrán, ni premios ni honores.

Es como fuente sin agua.
Como un pájaro sin trinos,
que decepciona y profana
el propósito divino.

Cuando nos llame el Señor,
¿qué fruto le entregaremos?
Él nos ha dado su amor,
y nosotros, ¿qué ofrecemos?

Acude a Dios anhelante.
Ofrécele tu servicio.
Que una cosecha abundante
se logra, si eres constante,
con trabajo y sacrificio.

COMO LA LUNA

La luna tiene cerco.
Tal vez está enfadada
y protege su morada
con nítida aureola.
Quizá con ello dice,
que no quiere invasores.
Sin pompa y sin honores
prefiere vivir sola.

La luna tiene cerco.
¡Qué guapa está la luna
cercada en su laguna
de niebla de colores...!
Del sol que la ilumina
la majestad nos muestra,
para delicia nuestra,
sus vivos resplandores.

Lo mismo nuestra vida
debiera estar brillando,
de Cristo reflejando
la luz inmaculada.
Mostrando en nuestros hechos
el célico atractivo,
que atraiga hacia el Dios vivo
del hombre la mirada.

280

AL PIE DEL ESTANQUE

En un estanque limpio
   se reflejaba
la imagen de la luna
   mientras brillaba.

Sus aguas transparentes,
   tan en reposo,
parecen un espejo
   maravilloso.

La niña lo miraba
   con extrañeza,
atenta y cautivada
   por su belleza.

¡Qué hermosa está la luna!
   ¡Qué maravilla!
Hasta la noche es bella
   cuando ella brilla.

De pronto, en el estanque
   cayó una piedra,
y aquella bella imagen
   rompe; se quiebra.

La niña horrorizada
   cruza sus brazos,
pues piensa que la luna
   se hizo pedazos.

Y observa tristemente
   su pesadilla.
¡Qué será de nosotros
   si ya no brilla...!

Mas mira hacia los cielos
   y se consuela,
porque allí está la luna
   radiante y bella.

Igualmente en la vida
    nos acontece.
Anhelos e ilusiones
    se desvanecen.

Cuando las circunstancias
    que nos rodean
nos hacen ver las cosas
    rotas y feas.

Pero Dios no ha cambiado.
    Sus bendiciones
prosiguen, alentando
    los corazones.

Por eso, cuando sufras
    un desconsuelo,
no mires a los hombres,
    mira hacia el cielo.

EL DEDO DE DIOS

Al pensar en tantas gentes,
y entre ellos, seres queridos
que viven indiferentes,
en su maldad confundidos,

sentí gran pena, observando
su caminar inseguro,
hacia el infierno rodando;
fatal y eterno futuro.

Señor —rogué—, ten piedad.
Pon tu dedo en sus conciencias.
Muéstrales con claridad
su maldad y tu clemencia.

Y la respuesta del cielo
no se hizo de esperar,
diciendo: —Tú eres el dedo
que les ha de señalar,

la senda que a Dios conduce,
para las almas perdidas,
y el santo amor que produce
gozo, paz y eterna vida.

Cada sencillo creyente
es como un dedo divino,
que ha de señalar fielmente
el verdadero camino.

LAMENTABLE REALIDAD

Cuando el Señor me salvó.
Cuando en su amor me dio vida.
Cuando mi alma perdida
con su sangre rescató,
surgió un deseo en mi ser;
casi como una obsesión.
Una firme devoción
que me hacía estremecer.
Quería, humilde y gozoso
mostrar mi agradecimiento
al Señor. Mi sentimiento
transformar en algo hermoso.
Ese anhelo noble y santo.
Esa cristiana ansiedad,
buscaba oportunidad
de honrar al que me amó tanto.
Y a través del testimonio
en hecho y conversación,
daba al Señor mi «porción»,
haciendo guerra al demonio.

Ahora, al cabo del tiempo,
bastante experimentado,
veo ese amor apagado,
y esas ansias ya no siento.
Preside la indiferencia
mi cotidiano vivir.
Me acostumbré a recibir
la Divina Providencia.

Y aunque siento gratitud
por todas las bendiciones,
no siempre están mis acciones
de acuerdo con su virtud.
Ya no me abrasa el calor
de su noble y fiel servicio.
Cuando cuesta sacrificio,
me siento conservador.
¡Oh Señor...! Vuelve a mi vida
con aquel amor primero.

Devuélveme el placentero
sabor de una fe encendida.
No dejes que me acostumbre
a percibir tus bondades,
viviendo en las vanidades.
Enciende tu santa lumbre
en mi pecho indiferente.
Líbrame de la rutina.

Que tu Palabra Divina
sea mi meta, y valiente,
jamás cese de luchar
contra el mal que me rodea.
Por muy duro que esto sea,
no quiero más desertar.
Cura mi insana tibieza.
Quita de mí lo que estorba.
Pon mi delicia en tu obra.
Hazme vivir en pureza.

Hazme sentir nuevamente
aquel encendido anhelo.
Hazme mirar hacia el cielo.
Ayúdame a ser valiente.
Quiero amar tu Santa Ley.
Vivirla sinceramente,
como un heraldo que atiende
los mandatos de su rey.
Ayúdame a conseguir
lo que yo solo no puedo.
Empújame con tu dedo
para que vuelva a vivir
con aquel primer amor;
ahora con más experiencia.
Despierta ¡Oh Dios! mi conciencia.
Haz de mí un fiel triunfador
que viva para tu gloria
haciendo tu voluntad.
Sólo andando en tu verdad
conseguiré la VICTORIA.

CALOR ESPIRITUAL

¡Qué triste es ver a un creyente
con alma y corazón frío...!
Es como el cauce de un río
cuando queda sin corriente.

CRISTO es el Sol de Justicia
que da calor, vida y luz.
Funde su amor en la cruz
el hielo de la inmundicia.

A medida que el cristiano
se acerca a su Salvador,
va recibiendo el calor
que rehabilita sus manos.

Despierta en su corazón
los más hermosos anhelos.
Lo hace mirar hacia el cielo
con humilde devoción.

Mas cuando por el contrario,
de su Señor se desvía,
su ardiente fervor se enfría
como un mármol lapidario.

Por desgracia, hay corazones
como el hielo, frío y duro;
chocando en su helado muro
las divinas bendiciones.

Acerquémonos al fuego
de su Gracia Redentora
Que el templo do Cristo mora
arda de Espíritu lleno.

Dios quiere ver nuestra vida
muy activa y consagrada.
ardiendo en su llamarada
hasta quedar consumida.

LIBERTAD

Cristo a través de la cruz,
la libertad conseguía
del mortal, que infiel vivía
sumido en la esclavitud.

¡LIBERTAD...! Joya sagrada
que muchos mal interpretan;
que no entienden ni respetan,
ya que es muy pisoteada.

El ser libre, no es vivir
avasallando a la gente.
El verdadero creyente
ha de saber discernir,

su libre forma de obrar,
sin olvidar mientras tanto,
que es libre para ser santo,
pero no para pecar.

El Señor nos libertó
con un sangriento rescate,
y es un fatal disparate
ensuciar lo que El limpió.

Usemos la libertad
haciendo lo que Dios quiere.
Será más libre, el que hiciere
su divina voluntad.

CONSTANCIA

¡Cuántas cosas en mi vida
empecé, y no he terminado...!
Las inicié entusiasmado,
pero me cansé enseguida.

Y es que, ser perseverante
cuesta mucho sacrificio.
Todo el cristiano servicio
requiere lucha constante.

¡Qué hermoso es cuando leemos,
que la Iglesia primitiva,
con fe ardiente y combativa
hacía... lo que no hacemos.

Persistir con fe y constancia
en el eterno camino.
Dando gloria al Rey Divino,
autor de nuestra esperanza.

Dios espera que seamos
constantes; firmes en todo,
demostrando de ese modo
que realmente le amamos.

Esta virtud de valientes,
el mundo también la espera.
La constancia es, cual bandera
de un testimonio eficiente.

No debemos olvidar,
que ante las dificultades,
hay más oportunidades
de persistir y triunfar.

NO PIDAS

No le pidas a las flores
que oculten su colorido,
ni a los lindos ruiseñores
que callen su hermoso trino.

No pretendas que la nieve
cambie su blanca pureza,
ni que el sol cuando aparece
oculte su gran belleza.

No quieras que su corriente
pare, el caudaloso río,
ni que el océano intente
secarse y quedar vacío.

Y no pidas a un cristiano
que tiene el alma salvada,
que andando entre el lodo humano,
la mantenga inmaculada.

No debiera suceder
que tú, a quien Dios llama santo,
buscando el vano placer
le ofenda y humille tanto.

Mas si por tu propia cuenta
manchas tu blanco vestido,
no pidas a Dios que venga
a encenagarse contigo.

No pidas lo que no debes.
No tuerzas la ley divina.
A tu lado hay muchas redes,
pero tú, recto camina.

Cumple la hermosa misión
que Dios ha puesto en tu mano.
Muestra con fe y devoción
cómo ha de ser un cristiano.

POR QUE CANTAN LOS CRISTIANOS

Se preguntan muchas gentes,
por qué cantan los cristianos.
¿Qué expresan al orbe humano
con sus cánticos fervientes?

El mundo queda asombrado,
porque les causa extrañeza,
que aun en horas de tristeza
puedan cantar confiados.

No aciertan a comprender
el motivo poderoso
que hace que canten gozosos.
¿Sabéis cómo puede ser...?

Preguntadle al pajarillo
el porqué de sus canciones;
que os explique las razones
de su cantar tan sencillo.

Y os diría, si pudiera,
con su singular acento,
que es puro agradecimiento
en su expresión más sincera.

Cantan, brindando a la vida
lo más noble que atesoran.
Cantando, ríen y lloran
con el alma agradecida.

Cantan, porque tienen paz.
Porque su Dios los sustenta.
Y lo hacen, sin darse cuenta,
pero lo hacen de verdad.

Un cristiano cuando canta
produce paz y consuelo.
Parecen ecos del cielo
que salen de su garganta.

Cantando, alaba al Señor
y pregona su alegría.
No hay cantar de más valía
que el que produce el Amor.

POR ESO CANTO

Mi Redentor, con gran amor
cambió mi senda de maldad.
Mi corazón, con su perdón,
rebosa gozo, amor y paz.
Ya no hay temor. Mi salvador
pagó por mí en la dura cruz.
Por eso canto a mi Señor
        con santa gratitud.

Mi vida entera a Cristo doy.
Quiero servirle con lealtad.
Luchar por El, haciendo fiel
siempre su santa voluntad.
Amándole y honrándole,
contento tras sus huellas voy;
cantando e imitándole
        feliz con Cristo soy.

Yo tengo en El felicidad.
Me siento fuerte junto a El.
Me redimió, y transformó
mi amarga vida en un vergel.
A otros quiero yo decir
¡Cuán grande y fiel es su bondad!
Su amor me impulsa y soy feliz
        cantando su verdad.

ALEGRATE, CRISTIANO

Alégrate, cristiano, y canta agradecido.
Contempla reposado ¡cuán bueno es tu Hacedor!
Te colma de favores que nunca has merecido,
Porque es inagotable la fuente de su amor.

Con especial cuidado protege tu existencia.
Sus ángeles te cuidan y guardan de caer.
Ni un mínimo detalle escapa de su ciencia.
Tus penas y alegrías controla su poder.

Y vives distraído, sin percibir su aliento,
Cuando El está tan cerca, que vive en tu vivir.
Despierta, y aprovecha este feliz momento;
Verás cuán diferente es junto a El seguir.

El sabe tus problemas y tus preocupaciones,
Y tiene para todos cumplida solución.
No vale pues, la pena, que pierdas bendiciones
Buscando en este mundo fugaz satisfacción.

Levanta la mirada. El pensamiento eleva.
Recuerda las promesas que en ti Dios cumplirá.
Si tienes una duda, detente y ponlo a prueba.
Jamás lo que El promete, infiel olvidará.

Si Dios tanto te ha dado, no lo eches en olvido.
No estés indiferente ante su inmenso Amor.
Alégrate cristiano y canta agradecido.
¡Ve cuán maravillosa es su obra en tu favor...!

SIGUIENDO AL SEÑOR

Voy por las sendas de paz
siguiendo a mi Salvador.
El camino de verdad
que inició en la Navidad
demostrándonos su amor.

Siguió marcando el sendero
con su ejemplo inmaculado.
Vivió sencillo y sincero
como un humilde cordero
hasta que en cruz fue clavado.

Su vida dejó unas huellas
perfectamente marcadas;
relucientes como estrellas;
para que sigan tras ellas
las almas por El salvadas.

No es posible un extravío
en la senda redentora.
Su sangre, cual claro río,
es manantial puro y frío
para el alma pecadora.

Hay espinas dolorosas
cual las hubo en su corona.
Mas su bondad amorosa
llena el camino de rosas
de fragante y dulce aroma.

De peligros rodeada
está, mas no temeremos.
Pues la luz de su mirada
la mantiene iluminada
para que no tropecemos.

¡Bendito y claro sendero
que hasta el cielo me conduce!
No hay otro más verdadero;
ni se paga con dinero
la paz que en mi alma produce.

EN LA SENDA

En la senda de Cristo
siempre quiero yo andar,
aunque abrojos y espinos
me hicieran sangrar.
Seguiré las pisadas
Que en su Ley me marcó.

¡Qué delicia es andar
con El y gozar
de su comunión!
Porque andando con El,
parece un vergel
la misma aflicción.

Es estrecho el sendero
que me lleva al hogar
donde al fin verle espero
sin miedo a pecar.
Ya en su santa presencia
cantaré de su amor,
recordando la cruz
donde mi Jesús
salió vencedor.
Y la senda que aquí
gozoso ascendí
con mi Salvador.

COMO UNA CARRERA

Es la vida cristiana una carrera
en un camino estrecho y pedregoso.
No es fácil avanzar, mas Dios espera
que hagamos un esfuerzo valerosos.

Subidas y bajadas peligrosas
encuentra el corredor constantemente.
La senda, cuando es llana, es engañosa;
prosigue sin temor si eres creyente.

No temas al peligro que te acecha
y sigue hacia la meta decidido.
No importa que la pista sea estrecha;
un atleta ha de ser fuerte y sufrido.

No todo habrán de ser dificultades,
también hay bendición en su trayecto.
Placer muy superior a las pasiones
y gozo del Señor vivo y perfecto.

Corramos pues de cara a la victoria;
la meta nos anima y nos espera,
y Cristo premiará con honra y gloria
al digno triunfador de la carrera.

CUANDO EL VENGA

¡Qué gran día será! ¡Qué gran fiesta,
cuando El venga su Iglesia a buscar...!
¡Qué alegría, gozar la presencia
del gran Dios que nos vino a salvar...!

En las nubes del cielo esperamos
la venida de Cristo Jesús.
Y ese día, que tanto anhelamos,
será el triunfo genial de la cruz.

Las señales del fin se están viendo.
Fiel se cumplen los dichos de Dios.
¡Qué fatal si nos halla durmiendo,
descuidando su santa labor...!

No sabemos ni el día, ni la hora.
Tal vez pronto el momento ha de ser.
Dios nos manda: —«Velad, porque ahora
es el tiempo de obrar y vencer».

¡Ven, Señor! Que tu Iglesia te espera
deseando a tu lado vivir.
¡Ven, Señor, a quitar las quimeras...!
¡No te tardes Señor en venir...!

¡Qué gran día será, cuando vengas
en las nubes, tu Iglesia a buscar...!
¡Qué alegría gozar tu presencia!
¡Qué gran triunfo, contigo morar!

«MUCHOS SON LLAMADOS»

Muchos los llamados son;
    Pocos escogidos.
Muy pequeña es la reunión
    De los redimidos.

Muchas las ovejas son
    Que andan extraviadas,
Mas muy pocas, del Pastor
    Quieren ser salvadas.

Con astucia, el tentador
    Quiere hacernos daño;
Mas su vida dio el Pastor
    Y salvó el rebaño.

Débil y pequeña es
    De Dios la manada,
Pero habrá de poseer
    Celestial morada.

No temáis, manada fiel,
    Porque el Padre os cuida,
Y os hará reinar con El
    En la Eterna Vida.

Cuando en celestial redil
    Logre al fin juntarse,
La manada eterna, allí
    No podrá contarse.

USA TUS TALENTOS

Dios te ha dado muchas cosas
que en su honor debes usar.
Y su luz maravillosa
en tu vida ha de brillar.

No desprecies el momento
que en la vida te tocó.
Utiliza los talentos
que el Señor te concedió.

Hay misterios escondidos,
que tú debes descubrir,
pues tu Dios ha prometido
que te habrá de bendecir.

Si tus fuerzas se agotaron,
y te vence el tentador,
nunca olvides que a tu lado
está siempre el Salvador.

Adelante, no desmayes,
sé valiente hasta el final.
Que si fiel perseverares,
Dios tu esfuerzo premiará.

DESCUBRE EL TALENTO

Hay quien tiene dones bellos e importantes.
Talentos y acciones que honran al Señor.
Tal vez tú te creas insignificante;
mas en ti hay valores, frutos de su amor.

Descubre el talento que el Señor te ha dado.
No escondas la Gloria que a Dios puedas dar.
No seas cobarde ni despreocupado.
Hay una batalla que debes ganar.

Lo que esté en tu mano, ponlo a su servicio.
No escatimes fuerzas. Tu consagración
no es problema humano. Con fe y sacrificio,
Dios quiere la ofrenda de tu corazón.

Por muy poca cosa que a Dios puedas darle,
no dejes que pase tu oportunidad.
Aún tienes tiempo, mas cuando éste acabe,
¿Quieres ir vacío a la eternidad...?

No busques excusas a tu negligencia.
Despiértate, y busca de Dios el poder.
Verás que es más fácil de lo que tú piensas.
Con Dios, un cristiano mucho puede hacer.

Todo lo importante no es fácil tenerlo,
Y el camino recto, cuesta de seguir.
Por eso es seguro, que en algún momento,
por mirar al cielo tendrás que sufrir.

Pelea valiente la buena batalla.
Lo que Dios te pida, ¿se lo negarás...?
El quiere en sus filas soldados de talla.
Si al fin te decides, con El triunfarás.

LA VIGA DEL OJO

Tras los ventanales de un piso elevado
alguien contemplaba cómo una vecina
en un reducido y estrecho terrado,
tendía la ropa como una cortina.

Sábanas muy blancas, prendas excelentes,
que con el esfuerzo de su lavandera
quedaron muy limpias, casi relucientes,
ondeando al viento como una bandera.

Irónicamente, el vecino atento,
miraba la escena con cierta osadía
y entre sí pensaba, sin más miramientos:
—«Yo, ropa tan sucia no la tendería».

¿Y eso está lavado? ¡Vaya manchurrones...!
¿Pero es que no tiene ojos en la cara...?
Y hay que ver lo fresca que además se pone,
como si quisiera que se la admiraran.

Alguien que observaba sus turbias ideas,
quiso demostrarle su equívoco necio,
y abrió la ventana, diciéndole: —Vea,
no tiene motivos para tal desprecio.

La ropa está limpia, tal como conviene.
Lo que sí está sucio son sus ventanales.
Limpiando las manchas que en su casa tiene
no verá en los otros defectos y males.

Con qué ligereza juzgamos lo ajeno,
sin ver que en nosotros hay cosas peores.
Cristiano, no admitas ese ruin veneno;
Bastante trabajo te dan tus errores.

EL DESALIENTO

Hay un terrible enemigo
que actúa de un modo extraño.
Pasa desapercibido,
porque siempre está escondido,
pero haciendo mucho daño.

Es como una sanguijuela
con su aguijón traicionero.
En todas partes se cuela
y mata, mas sin que duela
su dardo cruel y certero.

Es el fatal desaliento,
al parecer, inocente.
Quita el gozo en un momento,
produciendo abatimiento
en el alma del creyente.

Hace sentir la desgana
en el corazón cristiano.
La Biblia queda olvidada,
la oración muy descuidada.
¡Qué poder tiene su mano...!

No dejemos que su ciencia
se cuele en nuestra persona.
Que su maligna influencia
no ensucie nuestra conciencia,
ni nos prive de corona.

Hay tesoros muy valiosos
que nos puede arrebatar.
Un descuido es peligroso,
mas nuestro Dios poderoso
nos ayudará a triunfar.

Cuando venga a nuestra vida
con su destructiva escoria,
no hemos de darle cabida;
orar es la fiel medida
que nos dará la victoria.
Este enemigo influyente

que empaña nuestra alegría,
puede vencerlo el creyente,
buscando a Dios, reverente,
con fe y valor, cada día.

LA MENTIRA

Como lava destructora,
por todo el mundo extendida,
va destrozando las vidas
con su influencia traidora.

Sucio e informal veneno
que en cualquier sitio hace mella,
dejando su inmunda huella
hasta en los seres más buenos.

Cruel puñal asesino
que hiere los sentimientos.
Dardo que cambia en lamentos
las delicias del camino.

Se ha hecho tan popular,
y mentir, es tan corriente,
que no se turba el que miente,
ni se llega a avergonzar.

El hombre es tan atrevido,
que ha disfrazado el engaño,
dándole un mérito extraño;
diciendo que si ha mentido,

es porque ha querido hacer
una obra de caridad.
Pisoteando la verdad
como si fuera un deber.

La falsedad, se respira
con tal desenvolvimiento,
que hasta se hacen monumentos
a la gran diosa mentira.

Mas Dios dice sentencioso,
quitando ese falso velo:
«que en el reino de los cielos
no entrará ni un mentiroso».

El, es la misma Verdad.
¿Y cómo habrá comunión,
si el humano corazón
lleno está de falsedad?

Un Hijo de Dios, no puede
mentir con tanto descaro.
Y no es que hacerlo sea raro,
pues por desgracia sucede.

Pero es que en su interior
late una nueva criatura
que le impulsa hacia la altura,
hacia un plano superior.

La maldad y la virtud,
son dos polos en discordia,
lo mismo que no hay concordia
entre tinieblas y luz.

Un creyente verdadero
debe ganar tal contienda.
Nada hay que a Dios tanto ofenda,
como un cristiano embustero.

Demos la mano valientes
a la verdad, con nobleza.
Dios nos da su fortaleza
para al engaño hacer frente.

Prometiendo al vencedor
una corona de gloria.
¡Vamos cara a la victoria,
para ofrecerla al Señor!

Como prueba de obediencia,
de gratitud y lealtad.
El triunfo de la verdad
es la más cara experiencia.

HACIA ADELANTE

El Dios y Padre nuestro. El fiel por excelencia.
Autor de nuestra vida y de nuestra salvación,
nos dio a través del tiempo hermosas experiencias,
detalles que demuestran su amante protección.

Feliz quien ha gustado la paz de un Dios tan
[bueno.
Dichoso el que ha sentido su gracia y su poder.
Mas no hay que estar parados. Cristianos, ¡avan-
[cemos!
que apunta ya la aurora de un nuevo amanecer.

Se empieza nuevamente la lucha en nuestra
[vida,
con fuerzas renovadas y en nombre del Señor.
Si cuesta sacrificio, no importan las heridas,
Jesús ha prometido un premio al vencedor.

Tal vez en una curva del áspero camino
hallamos un peligro y nos hace resbalar.
Hay que aplicar entonces la ley del peregrino;
pedir fuerzas al cielo, alzarse y avanzar.

Mirando hacia adelante, decimos confiados,
sabiendo que es su obra y en buena mano está.
«Si Dios hasta el presente del mal nos ha guardado,
también en el futuro su amor nos cuidará.

Mirando hacia adelante renace la esperanza.
Al fondo se divisa la meta celestial.
Mas queda aún camino y hasta que al fin se al-
[canza
hay que seguir valientes luchando hasta el final.

Dejando ciertamente lo que hacia atrás se queda,
miremos adelante con ansias de servir.
Hay muchos que no saben aún la buena nueva,
y Cristo está anhelando sus almas redimir.

¡Cristianos...! No dejemos que triunfe la materia.
Si infieles nos callamos, las piedras hablarán.
Los votos renovemos, pero de forma seria,
MIRANDO HACIA ADELANTE, a nuestro Capitán.

LA VARA DE MOISES

¿Qué tienes en tu mano, Moisés? —Muy poca cosa;
tan sólo este sencillo cayado de pastor.
—Pues haz lo que te digo; verás qué poderosa
se vuelve, si la usas en nombre del Señor.

Y aquella simple vara se torna una serpiente,
con ella hace milagros y parte el mar en dos.
Asombra a los egipcios, mostrando firmemente
que está con aquel hombre la mano de su Dios.

El Todopoderoso asombra y maravilla.
En lo insignificante se ve su majestad.
Transforma y hace grandes las cosas más sencillas,
cuando éstas se le rinden con celo y humildad.

Entrégale tu vara y ponla a su servicio,
verás cuántas proezas se operan en tu ser.
Mas no te olvides nunca que cuesta sacrificio.
Ser útil es hermoso, pero hay que obedecer.

Dios, hoy sigue diciendo: —¿Qué tienes en tu ma-
                                                    [no?
¿Qué tienes en tu vida que Cristo pueda usar?
El es el Dios potente, tú sólo un vil gusano.
Deja que El te utilice y así podrás triunfar.

EL PROFETA DE FUEGO

Elías, el profeta con fuego en las entrañas.
Con fe como un gigante, al pueblo desafía.
El monte del Carmelo testigo es de su hazaña.
Un hombre contra un pueblo dado a la idolatría.

Aquel día, en el monte las gentes se amontonan;
han sido convocados, pues quiere demostrar
que están equivocados. El ídolo que adoran
es barro solamente que no puede escuchar.

Tal es su confianza en Dios, que no vacila
y lanza un desafío, un reto al pueblo entero.
«Hagamos holocaustos» —dice con voz tranquila,
—y el Dios que lo consuma ese es el verdadero.

El pueblo acepta el reto y prepara el sacrificio;
después sus sacerdotes, conforme al ritual,
inician una danza, que tórnase en suplicio,
buscando como locos la ayuda de Baal.

Elías los zahiere burlándose atrevido.
Demuestra ante millares su fe de campeón.
«Gritad, gritad más fuerte, tal vez está dormido.»
Hasta que al fin se rinden con gran desolación.

La gente está expectante. ¿Qué hará ahora el pro-
[feta?
El Dios que ellos honraban quedó ya derrotado.
«A ver qué hace este hombre» —Pero él como un
[atleta
no teme ni se inmuta porque está en Dios confiado.

Prepara el sacrificio, activo y reverente,
mojando varias veces la leña de su altar.
Eleva hacia los cielos su voz tranquilamente,
y Dios, como hace siempre, no tarda en contestar.

Desciende de lo alto el fuego, que consume
la leña, el holocausto, el agua, y también quema
la fría indiferencia de un pueblo que presume,
y queda acobardado ante el primer problema.

Dios triunfa como siempre, y triunfa su enviado.
Bien queda demostrado que Dios es grande y fiel.
Su gran misericordia perdona los pecados,
las muchas rebeliones del pueblo de Israel.

Después de demostrarles que Dios es verdadero,
el pueblo experimenta un vivo despertar,
quemando los altares del ídolo embustero
que tantas bendiciones les hizo despreciar.

Si un hombre consagrado, valiente y decidido,
logró un avivamiento con celestial poder,
¿qué hacemos los cristianos? ¿Estamos tan dormi-
                                                    [dos
que no nos quema el alma la llama del deber?

Dios quiere hablar al mundo. Mostrar sus mara-
                                                    [villas,
y busca entre su pueblo personas con valor.
Obreros consagrados que caigan de rodillas
buscando humildemente la fuerza de su amor.

Cristiano, no te escondas. Sé tú el siervo valiente
que cumpla noblemente la honrosa comisión.
Deja que Dios posea tu vida plenamente.
Verás también cómo arde de fe tu corazón.

LA AMISTAD

En esta mísera vida
donde hay tanto sufrimiento,
un amigo, es cual ungüento
que suaviza las heridas.

¡Qué preciosa es la amistad...!
Es, como el faro en un puerto.
Como el agua en el desierto.
Como un aliento de paz.

Su valor, no tiene tasa.
Es la amistad verdadera
como flor en primavera.
¡Lástima que es tan escasa...!

¡Qué bueno es tener amigos!
Pero amigos verdaderos;
nobles, fieles y sinceros,
compenetrados y unidos.

Pero ha sido esa virtud
tan vendida y falseada,
que apenas si queda nada
de su esencia y plenitud.

Feliz, quien puede contar
en todo tiempo y ambiente,
con un amigo prudente
en quien poder confiar.

Alguien con quien compartir
nuestros íntimos secretos.
Ese amigo, que discreto
comprende nuestro sentir.

Que llora cuando lloramos,
tratando de dar consuelo.
Que nos mira sin recelo
cuando alegría mostramos.

¡Bendita sea la amistad,
y Dios que nos la concede!
Dichoso el que encontrar puede
un amigo de verdad.

LA PRIMERA BODA

Dios hizo al ser humano del polvo de la tierra,
grabando su semblanza en él, con tierno amor.
Lo puso por monarca de aves y de fieras
y a todo puso nombre cual sabio ordenador.

En todo lo creado el hombre se ocupaba.
Jamás sintió por ello fatiga ni ansiedad.
Mas Dios, que observa todo, vio que algo le faltaba,
un ser que quebrantara su interna soledad.

Con gran sabiduría formó a su compañera.
El íntimo regalo, que el hombre no pidió.
Allí se realizaba feliz, la unión primera.
Jamás otra pareja más pura se casó.

Pureza en pensamientos. Pureza en los sentidos.
Pureza en la mirada. Perfecto fue su amor.
Aún el cruel pecado no había destruido
la perfección que en ellos pusiera el Creador.

Perfecto el matrimonio por Dios organizado.
Bendito el estatuto que Dios establecía.
Aunque al pecar el hombre, belleza le ha quitado,
con gozo lo celebran los novios este día.

Momento delicioso plagado de ilusiones.
Anhelos desbordados de amor y juventud.
Dos seres que han unido sus vivos corazones
y buscan les bendiga el Cristo de la cruz.

Cumplieron requisitos. Firmaron documentos.
Hicieron un contrato jurídico y legal.
Mas ellos, la importancia de este feliz momento
la dan al verdadero: Al Padre Celestial.

Es Dios el que les une en su sentir profundo.
Por eso a Él acuden buscando bendición.
Pidiendo que Él dirija su hogar en este mundo.
Que guarde y que proteja del mal su corazón.

Feliz el que valora lo realmente importante.
Dichoso el que se eleva buscando a su Hacedor,
dejando que El sus vidas gobierne en cada instante,
sabiendo que Dios quiere para ellos lo mejor.

Felices nos sentimos con los recién casados
deseando bendiciones en su naciente hogar.
Al verlos tan dichosos, un tanto emocionados,
queremos que esta dicha disfruten sin cesar.

La Iglesia, con cariño os da la enhorabuena,
rogando al Padre Eterno que os dé FELICIDAD.
Que Cristo os guarde siempre y en su bondad se-
seáis para su gloria de mucha utilidad.   [rena,

UNA PAGINA EN BLANCO

Como una página en blanco
Son las almas infantiles.
Sobre ellas se van grabando
Al paso de sus «abriles»,

La enseñanza buena o mala
Que le brindan sus mayores.
Todo en su mente se graba,
Tenga o no ricos valores.

Formando de esta manera
El carácter de su vida.
Esta enseñanza primera
Difícilmente se olvida.

Un niño es como una herencia
Que Dios pone en nuestras manos.
Un gran tesoro en potencia.
Un molde, en el cual formamos

Caracteres decididos.
Héroes para nuestra historia;
O bien, cobardes dormidos
Que han de vivir como escoria.

Es de vital importancia
Cuidar nuestra educación;
Que instruyendo bien la infancia,
Surja una generación

Llena de hermosas virtudes,
Con nobles aspiraciones:
Honrosa en sus actitudes,
Y Dios en sus corazones.

Instruye al niño inocente
En el celestial camino.
Graba en su alma y su mente
El fiel mensaje divino;

Y cuando a viejo llegare,
Perdurará su influencia,
Porque hubo firmes pilares
En la edad de su inocencia.

Un niño, es algo importante.
Es un divino legado.
La educación de un infante
Es un trabajo sagrado.

A LA MUJER CRISTIANA

Mujer, que has sido salvada,
Mira la obra del Señor.
Hay suficiente labor
para no estar inactiva.

Mas no olvides ni un momento
que es Dios el que quiere usarte.
Ser obediente es tu parte,
siempre mirando hacia arriba.

Si ser útil es tu anhelo;
Si quieres ser provechosa,
Hay infinidad de cosas
donde puedes demostrar
ese anhelo de tu alma
en pro de tus semejantes.
Empieza pues cuanto antes
en el seno de tu hogar.

Tu labor tiene un alcance
de límite insospechado.
Los dones que Dios te ha dado
pueden ser de utilidad,
si los pones como ofrenda
en sus manos poderosas.
Tu vida puede dar rosas;
Bellos mensajes de paz.

Si quieres ver un ejemplo
que ilumine tu camino,
busca en el libro divino,
do hallarás contestación.
Mujeres que a Dios buscaron,
y a El le dieron su vida.
El las usó, en la medida
de su fe y consagración.

Ana, Esther, Abigail,
Sara, Débora, María,
y otras más que Dios un día
usó en su santo servicio.
Fueron como el barro dócil
para el Divino Alfarero,
y jamás retrocedieron
ante ningún sacrificio.

El Señor te quiere usar
igual que a aquellas mujeres.
Corre a El, tal como eres;
deja a un lado tu desgana.
Es muy grande el privilegio
que te está dando el Señor.
No existe honra mayor
para una mujer cristiana.

UN HOGAR CRISTIANO

Un hogar cristiano
es seguro puerto.
Un lugar tranquilo
do el alma reposa.
Es, como un oasis
en el gran desierto.
Es el santuario
de una paz hermosa.

Allí está la esposa
fiel y enamorada.
La madre abnegada
cuidando su nido.
Y el esposo amante,
que sin miedo a nada,
protege y sustenta
el hogar querido.

Un hogar cristiano,
es el que preside
la Santa Palabra
de Dios; la Verdad.
En él tiene un trono
Cristo, y de El reciben
el más puro ambiente
de felicidad.

De un hogar cristiano,
Cristo es la Cabeza.
Los que lo componen
se dejan llevar,
y viven gozando
su santa influencia.
Donde reina Cristo,
hay dicha sin par.

Un hogar cristiano
respira alegría.
En la misma prueba
tiene bendición.
En todas sus horas
hay paz y armonía.
Ni la misma muerte
causa destrucción.

La esposa, el esposo,
la madre, los hijos,
todos los que forman
parte del hogar,
son como instrumentos
que el Señor elige
para testimonio
de su bienestar.

Un hogar cristiano.
vence los problemas.
cual si se trataran
de una nimiedad.
La fe es su estandarte,
y el amor su emblema.
Precioso anticipo
de la eternidad.

No hay lugar más bello
entre los humanos
que este hogar tranquilo,
Templo del Amor.

Y es que el fundamento
de un hogar cristiano,
es el mismo Cristo,
nuestro Creador.

ESPERANZA VIVA

Como una antorcha viviente
va la Esperanza encendida,
llenando de luz la vida
del más sencillo creyente.

No importa si su sendero
es amargo e inseguro;
la visión de su futuro
vence a lo que es pasajero.

Con sonrisa triunfadora
afronta los contratiempos,
y puede cantar contento
al mismo tiempo que llora.

De su Dios fiel, ha aprendido,
que la oscura circunstancia
carece de la importancia.
que el hombre le ha concedido.

El ha puesto su mirada
en lo eterno e importante.
No es extraño pues, que cante,
porque su alma está confiada.

Y no depende su paz
de lo que el mundo le ofrece.
Todo lo humano perece,
y él espera, eternidad.

Doblemente, su alma entera
confía en el que no miente.
Dios es realidad presente;
no una ilusión pasajera.

Esta bendita esperanza
ilumina su camino.
Aquí es sólo un peregrino
que mira hacia lontananza.

Donde al final de sus días,
libre ya de pena y duelo,
con Dios gozará en el cielo
en paz y eterna alegría.

DESPEDIDA FINAL

Veo la muerte venir,
pero no tiembla mi alma.
Y no es que quiera morir,
mas siento una dulce calma,
que me hace saludar
a la muerte sonriendo.
Tengo ganas de cantar
a pesar de estar muriendo.

¡Que ante ella se horroricen
los que a Dios menospreciaron...!
Que tiemblen los que maldicen,
y su bondad rechazaron...!
Mas a un sincero cristiano,
sentir paz, no es cosa extraña.
La muerte ha perdido el trono;
no me asusta su guadaña.

No siento miedo. Este instante
es, como pasar un río.
Un salto, no en el vacío,

sino en los brazos amantes
de mi Buen Dios que me llama
dándome la bienvenida,
pasando desde esta cama,
a la verdadera vida.

Ya terminé mi jornada.
Voy al eterno reposo
a disfrutar las moradas
que ha preparado el Esposo
para su Iglesia, que un día
ha de gozar plenamente,
en la excelsa compañía,
de su Amado, eternamente.

Yo no merezco, por malo,
la Paz que mi alma atesora.
Es un divino regalo.
Es, la Gracia Redentora
de un Dios, que amor es su esencia,
y en ese amor me ha inundado,
pagando con su inocencia,
la deuda de mi pecado.

Sólo me apena el pensar
en los que amo y me quieren.
Sé que me van a llorar:
mas no sufro porque queden
en el mundo abandonados
al partir yo de este suelo,
porque tendrán los cuidados
del que ha creado los cielos.

¡Adiós, mis seres queridos...!
Ved que el morir no me espanta.
Cantad gozosos conmigo,
porque mi ventura es tanta,

que no quiero que lloréis
al iniciar mi partida.
Me voy feliz, ya lo véis,
a gozar de eterna vida.

Parto de este triste mundo
a otro mejor y más bello,
donde el gozo es tan profundo,
que ya noto sus destellos.
Angeles vienen por mí,
que me alzarán en su vuelo.
Cierro mis ojos aquí,
y los abriré en el Cielo.

No os digo adiós, solamente
hasta luego, hasta la vista.
Mas o menos prontamente
también estáis en la lista.
Y cuando lleguéis, pasando
por esta hora mortal,
allí os estaré esperando
en la estación celestial.

Quisiera llevar mis manos
con frutos de amor repletas,
y ofrecer al Soberano
una abundante cosecha.
Mas temo, que al ser probada
por el fuego, de mi acción,
tal vez no quedará nada
que merezca su atención.

Pero con mucho o con poco,
sé que mi Señor me espera.
No son visiones de loco.

Es realidad verdadera,
que llena mi alma de paz
en este cruel momento.
Antes de llegar, ya siento
la eterna felicidad.

   ¡Gracias, Señor, que me has dado
el gozo de conocerte!
¡Gracias porque me has salvado,
y porque al fin voy a verte...!
No merezco ni comprendo,
por qué mi Dios, tanto me amas...
En tus manos me encomiendo,
pues oigo cómo me llamas.

MI TODO

Cuando en el mundo andaba extraviado,
Dios vino a darme su Salvación.
Su amor sublime me ha rescatado:
Cristo ha cambiado mi corazón.
Hoy tengo gozo, porque El me ha dado
la más completa satisfacción.

No hay privilegio más honorable
que ser de Cristo un fiel servidor.
De obedecerle soy responsable.
¡Qué formidable es mi Señor...!
Una corona promete darme
si hasta la muerte fiel siervo soy.

Canto al saber que Cristo es mi amigo.
No hay mayor honra que su amistad.
Con su amor puro quiere ayudarme,
y revelarme su intimidad.
En todo tiempo El va conmigo.
Soy un testigo de su verdad.

Cristo es mi todo y estoy saciado.
Ya no me falta nada con El.
Salvó mi alma de eterno duelo
y ahora es mi anhelo, servirle fiel.
Su amistad noble me ha transformado
Todo a su lado es un vergel.

CON MI SEÑOR

En esta vida llena de amarguras
he descubierto, con satisfacción,
que sólo en Dios, encuentran sus criaturas,
la verdadera paz del corazón.

Con mi Señor, no hay dudas ni temores.
En todo tiempo protección me da.
Yo voy con El, andando entre las flores;
si espinas hay, su amor las curará.

Con mi Señor, se ahuyenta la tristeza.
Con El todo parece ser mejor.
Desde la cruz me muestra la belleza
que conquistó al morir, mi Redentor.

Con mi Señor, mi débil fe se aumenta;
no importa si zozobro al navegar.
Con su poder, se calman las tormentas
y a El yo voy andando sobre el mar.

Vivir con El; no hay nada más hermoso.
Es un vergel la vida con Jesús.
Es su amistad lo más maravilloso.
Mi senda en paz, la inunda con su luz.

Las muchas bendiciones que El me ha dado
contrasta entre la escoria y la maldad,
y en medio de este mundo me ha dejado
como un testigo fiel de su bondad.

JUNTO A LOS RIOS DE BABILONIA

Con amargura se marchan los cautivos,
        lejos de Canaán.
A extrañas tierras los llevan conducidos.
        lejos de Canaán.
Dios, a través del «enviado»
        los avisó.
«Castigaré vuestros pecados».
Y su palabra fiel cumplió.

En Babilonia suspiran los cautivos,
        lejos de Canaán.
Sus corazones están arrepentidos,
        lejos de Canaán.
Viven llorando sus maldades.
        Ruegan a Dios
que les conceda en sus bondades,
volver en paz a su nación.

A las orillas de un río se congregan,
        lejos de Canaán.
Todos suspiran por ver su amada tierra.
        Lejos de Canaán.
Su corazón atormentado
sabe esperar.
Saben que Dios los ha escuchado
y pronto habrá de contestar.

Ya regresaron con gozo los cautivos.
        Ya están en Canaán.
La gran lección del Señor han recibido.
        Ya están en Canaán.
Dios, como Padre fiel, castiga
        lleno de amor,
al hijo infiel que de El se olvida,
menospreciando a su Hacedor.

Vida cristiana
y evangelización

DIALOGOS

ADIVINANZAS

Una niña está sentada, aburriéndose. Llega un amigo muy animado.

Abel.   Vengo a proponerte un juego.
Beatriz.   Sí, porque estoy aburrida.
Abel.   Pues a animarse
Beatriz.   Veremos...
Abel.   Que hoy no es lógico que estemos
con el alma entristecida.
Beatriz.   ¿De qué se trata?
Abel.   Tú alerta.
Porque yo diré una cosa
que estará medio encubierta
y tú, pensando juiciosa
a ver si por fin lo aciertas.
Beatriz.   Eso son adivinanzas.
Abel.   Tal vez sí...
Beatriz.   Sin duda alguna.
Y empieza ya, sin demora,
porque abrigo la esperanza
que acertaré más de una.
Abel.   Bien, aquí va la primera...
Una virtud superior
por muchos falsificada
y es la joya más preciada.
del Divino Creador.
Beatriz.   Eso es fácil. El amor.
Abel.   Sí que eres espabilada.

Beatriz.	Ahora yo preguntaré
	¿En qué tiempo memorable
	Dios muestra con claridad
	esa virtud admirable?
Abel.	Sin duda, en la Navidad.
Beatriz.	Muy bien.
Abel.	Y ahora tú dime,
	¿Cuál es el noble rincón?
	que busca el amor sublime
	por morada?
Beatriz.	El corazón.
	Y al entrar, su bendición
	lo transforma y lo redime.
Abel.	El juego está resultando.
Beatriz.	Y un profesor exigente
	dirá que estamos sacando
	la nota «Sobresaliente».
Abel.	Lo importante en este caso
	no está en saber la verdad.
	Lo principal es tener
	a Cristo y obedecer
	su divina voluntad.
Beatriz.	Ser cristiano es poseer
	el gozo de Navidad.

EL EXAMEN
(Diálogo para 3 niñas)

Débora.	Vamos a hacer ahora mismo
	un examen general
	de lo que nos ha enseñado
	la Escuela Dominical.
	¿Estás conforme...?
Eva.	Conforme.
	Por mí, puedes empezar;
	mas que no sea de esos nombres
	que cuestan de pronunciar.

324

Débora.	Será un examen sencillo,
	de cosas fundamentales.
Eva.	Adelante...
Débora.	¿Quién ha sido
	el autor de nuestros males?
Eva.	El pecado.
Débora.	Me refiero
	a una persona.
Eva.	Satán.
	El malvado traicionero
	que hizo pecar a Adán.
Débora.	¿Por qué el Señor, del Edén
	los desterró sin clemencia?
Eva.	Porque es Santo y no resiste
	el pecado en su presencia.
Débora.	¿Cuál es el triste destino
	del pecador?
Eva.	El infierno;
	Si no busca arrepentido
	el perdón del Padre Eterno.
Débora.	¿Y puede Dios perdonar?
Eva.	A través de Cristo, sí,
	porque El nos vino a salvar,
	y murió por ti y por mí.
Ruth.	(Entrando):
	Buen examen, amiguitas;
	mas de nada serviría
	si sabiendo tantas cosas
	tenéis el alma vacía.
	Si a Jesús el Salvador
	aún no habéis acudido:
	Si en vuestro pecho, su amor
	todavía no ha nacido,
	el saber estas verdades
	os traerá condenación,
	porque seréis responsables.

Débora.	Yo ya entregué el corazón a Jesús, y me ha salvado.
Eva.	Yo no quiero rechazar más tiempo su amor sagrado, y a El me voy a entregar.
Ruth.	(Al público): ¿Y tú querido amigo...? ¿No te quieres decidir a aceptar al Dios que vino nuestra vida a redimir? Acude a El, y el pecado que llena tu corazón será al instante borrado, y tu alma habrá encontrado la más rica bendición.

ASPIRACIONES INFANTILES

(Diálogo para dos niños)

Nando.	¿Qué te gustaría ser cuando pasado algún tiempo, con pleno conocimiento tú pudieras escoger...? Dime: ¿Qué preferirías hacer, cuando seas mayor...?
Andrés.	Pues verás... Me gustaría ser un gran predicador. Decir las cosas del cielo con claridad a las gentes, llevando a todos consuelo con palabras elocuentes.
Nando.	Es muy noble tu deseo.
Andrés.	Ahora estaba estudiando un poquito.
Nando.	Sí, bien veo, que ya te estás preparando.

326

Andrés.	Y tú, ¿qué quisieras ser...?
Nando.	Yo, un músico distinguido.
Andrés.	También supiste escoger...
	pues, ¡cuánto se puede hacer
	al compás del DO, RE, MI, DO...!
Nando.	Entre los dones más bellos
	que nos ha dado el Señor,
	la música es uno de ellos.
	Yo aspiro a ser director
	de un coro dulce, armonioso,
	que cante de corazón,
	selectos himnos, que a todos
	produzcan admiración.
	También quiero componer
	hermosas piezas corales,
	y hasta me pienso atrever
	con arreglos orquestales.
Andrés.	Veo que no te quedas corto.
Nando.	Y además, ser organista.
Andrés.	Deja algo para los otros...
	¡Chiquillo... Vaya una lista...!
Nando.	El saber no está de más,
	y si es música, mejor;
	que en la Iglesia del Señor
	hace falta un buen compás.
Andrés.	Sí; y una buena batuta
	que nos haga estar unidos.
	Bien se ve que ya disfrutas
	con la afición que has cogido.
Nando.	Con tu ilusión y la mía,
	y muy buena voluntad,
	¿Sabes qué se lograría...?
Andrés.	Cosas buenas de verdad.
	Yo, con el Evangelismo
	predicando en todo tiempo.
	y tú, haciendo lo mismo,
	mas, con acompañamiento...

Nando.   Predicar el Evangelio,
          es la más noble tarea.

Andrés.   Dios haga que nuestros sueños
          se realicen.

Nando.   Que así sea.

Andrés.   Será preciso estudiar
          con entusiasmo...

Nando.   Y también
          todos tendrán que ayudar.
          Es muy fácil de observar.
          Nos gusta mucho cantar,
          pero no lo hacemos bien.
          El canto, en nuestras iglesias,
          es un asunto algo serio,
          pues cantamos muchas veces
          y nuestros cantos parecen
          salidos del cementerio.

Andrés.   Es verdad... De todos modos,
          muy grande será el momento,
          cuando al fin sepamos todos
          cantar con conocimiento.

Nando.   Yo tan fácil no lo veo.
          Mucho trabajo hay que hacer...

Andrés.   Sí... Mas cuando hay buen deseo,
          no cuesta mucho aprender.

Nando.   Vayamos, pues, con tesón
          cada uno a su lugar.
          Tú, a preparar un sermón.

Andrés.   Y tú, pues... a solfear.

Los dos
juntos.   Los dos, a hablar del Señor.
          ¡Vamos a evangelizar...!

UNA BUENA CRISTIANA

(Diálogo para 2 jóvenes)

Rebeca. Soy una buena cristiana,
con muy buenas intenciones,
que en hacer el bien se afana
cuando existen ocasiones.
Voy al culto cuando puedo,
doy mi ofrenda alegremente,
y vicios malos, no tengo.
Soy una buena creyente.
Creo que Dios estará
satisfecho de mi obra...

Conciencia. (Interior):
Haz el favor de callar,
que es letra lo que te sobra.

Rebeca. ¿Quién eres...?

Conciencia. Soy, tu conciencia.

Rebeca. ¿Y qué me quieres decir?

Conciencia. Que al hablar, tengas prudencia.
¿Por qué quieres presumir
de cosas que no son ciertas...?

Rebeca. Yo voy al culto...

Conciencia. Sí... vas,
cuando no hay nada en la tele;
si hay algo bueno, te quedas
fingiendo que algo te duele.

Rebeca. También entrego mi ofrenda.

Conciencia. Sí, pero por compromiso.
Te es muy duro soltar prenda.

Rebeca. Es que yo también preciso...

Conciencia. Y tampoco me dirás
que nunca dices mentiras.

Rebeca. La vida te obliga...

Conciencia. Calla.
Cristo es la Verdad, ¿lo olvidas?

Rebeca.	También hago cosas buenas,
	pues tengo buen corazón.
	Y no doy ningún problema...
Conciencia.	Eso es según tu opinión.
	Bien sabes que te equivocas.
	No eres tan buena creyente.
	Es muy fácil que la boca
	repita lo que no siente.
	Recuerda que has de dar cuenta,
	ante un Dios tres veces Santo,
	y dime, ante su presencia,
	¿podrás alabarte tanto...?
Rebeca.	Es verdad... No logro ser
	tan fiel como yo querría.
	Mas dime, ¿qué debo hacer...?
Conciencia.	Desechar la hipocresía.
	Lo menos que una cristiana
	debe hacer, es sin sincera.
	Decir siempre la verdad,
	aunque muchas veces duela.
	Tener tan sólo una cara,
	no vivir con mascarilla.
	La vida de una cristiana
	ha de ser clara y sencilla.
Rebeca.	(Al público):
	Dios quiere que sus creyentes
	sean fieles por entero.
Conciencia.	(Saliendo):
	El sermón más elocuente,
	es un cristiano sincero.

EL TERMOMETRO

(Diálogo para dos jóvenes)

Rosa.	José, ¿no vienes al culto...?
José.	Pues no; hoy no tengo ganas.

330

Rosa. No querrás darle un disgusto
al Señor...

José. Dispensa hermana,
pero hoy no pienso ir.

Rosa. Muy enfriado te veo.

José. ¿Qué me has dicho...?

Rosa. Pues que en ti
el termómetro está a cero.

José. Si no te explicas mejor,
no entiendo esa teoría.

Rosa. Si es muy fácil. El Señor
nos controla noche y día.
El tiene en cada creyente
un termómetro escondido,
que sube cuando es ferviente,
y baja si está dormido.

José. Muy genial esta postura.
¿Y me podrías decir
qué cosas hacen subir
en mí la temperatura?

Rosa. Cuando haces oración,
cuando miras su Palabra,
cuando buscas la ocasión
de hacer lo que a Dios agrada,
visitando algún enfermo,
consolando al afligido...

José. No sigas más; ya comprendo
y me doy por aludido.
Y también descenderá
el termómetro excelente,
cuando mi alma no está
cerca de Dios.

Rosa. Justamente.
Y cuando no vas al templo
para adorar al Señor.

	Cuando se hace algún desprecio,
	cuando guardamos rencor.
	Y por muchas cosas más,
	que son pequeños descuidos.
José.	Si, por ejemplo, el no orar,
	ni leer el Santo libro.
Rosa.	Veo que al fin comprendiste.
José.	Gracias a tu ayuda.
Rosa.	¿Yo...?

José. Si, por ejemplo, el no orar,
ni leer el Santo libro.
Rosa. Veo que al fin comprendiste.
José. Gracias a tu ayuda.
Rosa. ¿Yo...?
Fue el Señor. Di, ¿aún persistes
en quedarte en casa?
José. No.
Vámonos junto al templo
donde el Señor nos espera,
que estoy sintiendo aquí dentro
un calor que me acelera.
Rosa. Es que el termómetro sube.
José. Ese es un buen resultado.
Rosa. Pues que el Señor nos ayude
a tenerlo equilibrado.
José. (Al público.):
Echemos una ojeada
al termómetro divino.
Si nuestra fe está apagada,
para tenerla avivada
ya sabemos el camino.

HA DE VERSE LA DIFERENCIA

(Diálogo para tres jóvenes)

Eva. Menos mal que al fin llegaste...
Ya era hora...
Rosi. Sí, pues mira,
tuviste que llegar antes
de la hora convenida.

Eva.	Me adelanté un poquitín.
	¿Y tu primo?
Rosi.	Pues no sé.
José.	No hace falta que preguntes;
	ya estoy aquí.
Eva y	
Rosi.	Hola, José.
Eva.	¿A qué se debe el retraso?
José.	Pues, que me han dado un sermón.
	Y lo más malo del caso
	es que con mucha razón.
Rosi.	¿Qué te han dicho...?
José.	Pues, verdades,
	y aquí tenéis la primera.
	Que los jóvenes cristianos,
	las cosas de Dios tomamos
	un poquito a la ligera.
	No somos muy responsables;
	sentimos indiferencia;
	somos muy poco formales,
	sin seriedad ni paciencia.
	Se suelen hacer promesas
	en momentos emotivos,
	que luego, con ligereza
	las echamos en olvido.
Eva.	Hombre, tanto como eso...
Rosi.	No van muy descaminados,
	y es mejor no usar pretextos.
José.	Quiero que leáis el texto
	que a mí mismo me han mostrado.
	(Lee en Filipenses 2:12-b, Hebreos
	2:2, 3-a, y Eclesiastés 5:4.)
	Y aún hay más.
Eva.	¿Sí...? Cuenta, cuenta.
José.	No sólo al Señor faltamos,
	también a nuestros mayores

les causamos sinsabores,
porque los menospreciamos.

Eva. Es que los hay muy cargantes,
que alardean de experiencia,
y hacen perder la paciencia.
Vamos, que no hay quien aguante.

Rosi. Mas no todos son así.
Los hay también muy discretos.

José. Y ninguno se merece
que un joven lo menosprecie,
ni que les falte el respeto.
Hay muchas cosas que son
en este mundo normales,
mas para un Hijo de Dios,
no están bien; son grandes males.

Rosi. Apruebo ese pensamiento.
La juventud actual
pisotea la moral
y obra sin más miramientos.
Van sucios y desgreñados.
Se visten de forma rara.
Se burlan de lo sagrado
y no les importa nada.
Según ellos, estas cosas
son lógicas y hasta buenas;
seguir el vicio y las drogas,
son expansiones de moda
que gustan, aunque envenenan.

José. Pero eso no debe ser
en ningún joven cristiano.
Lo malo es que esa influencia
nos perturba la conciencia,
y a veces los imitamos.

Eva. Tristemente he de admitir
que en eso tienes razón.
No debería ocurrir,
porque nuestro corazón

ha sido regenerado
por la sangre de Jesús,
y aunque exista a nuestro lado
depravación y pecado,
nosotros somos la luz.
En vez de hacer como ellos,
les hemos de demostrar
con nuestro cristiano ejemplo,
cuán vano es su caminar.

Rosi. ¡Qué bien te explicas...!
Eva.   Ya es hora
que empiece la juventud
a ser digna triunfadora,
pero ha de cargar la cruz.
José. Seamos respetuosos,
prudentes y serviciales.
Que el mundo vea en nosotros
a Cristo en nuestros modales.
Rosi. Dejemos las cosas vanas
y a los que en ellas se enlodan,
que las virtudes cristianas
no pasan nunca de moda.
Eva. Nuestro hablar.
Rosi.   Nuestro sentir.
José. Y nuestro comportamiento,
Eva. Se tienen que distinguir.
Rosi. Dios no puede bendecir
al que pisa sus talentos.

AMBICIONES VANAS

(Diálogo para 2 jóvenes)

Ruth. ¿Me prestas quince pesetas?
Loli. ¡Uy...! Lo siento, amiga mía,
       pero acabo de gastarme
       mi caudal en lotería.

Ruth. Tú siempre tan ambiciosa.
Loli. Sería muy divertido
que me pudiera comprar
zapatos, joyas, vestidos...
Ruth. Con lo que llevas gastado
en lotería y quinielas,
ya podías haber comprado
un traje de buena tela.
Loli. Es que yo no me conformo
viendo a los ricos pasar
con sus pieles y sus coches,
no se puede tolerar. También yo esas cosas
[quiero.
Ruth. Toma, hasta yo las quisiera,
pero ellos tienen dinero,
y yo tengo el monedero
con telarañas. ¿Te enteras...?
Loli. Pues mira, vo lucharé.
Ruth. Allá tú con tu ambición.
Yo mejor procuraré
afrontar la situación.
Loli. ¡Ay...! El día que me toque
un premio en la lotería,
ya verás tú qué disloque.
Si acertara los catorce,
mi ilusión se cumpliría.
Ruth. Todas esas ilusiones
son castillos en la arena.
Procura cosas mejores.
Ya que tienes ambiciones,
al menos que sean buenas.
Loli. ¿Qué ambicionas tú?
Ruth. Yo anhelo
poder ser de utilidad,
pensando que en este suelo
todo es pura vanidad.

Yo vivo de realidades,
y creo que es lo mejor,
aprender a conformarse
con lo que nos da el Señor.
Ya ves que es muy diferente
mi ambición.

Loli.   Sí, ya lo veo.

Ruth.   (Al público):
La ambición de un buen creyente,
ha de ser cumplir fielmente
cualquier divino deseo.

PEQUEÑOS DETALLES

(Diálogo para 2 jóvenes)

Lidia.   ¿Qué te ha parecido el culto...?
Rosa.   Me ha gustado, de verdad.
Veo que decís verdades
con mucha sinceridad.
Además, sois muy amables
y parecéis muy unidos.

Lidia.   Es el amor que obtenemos
de quien nos ha redimido.
Tenemos muchos defectos,
y a veces nos enfadamos,
porque no somos perfectos;
pero, como nos amamos...
Con la ayuda del Señor
se allanan las asperezas.

Rosa.   Se nota vuestro fervor
de los pies a la cabeza.
Y yo, pues, me encuentro a gusto,
y no me causa disgusto
el haberte acompañado.

Lidia.   Me alegra que nuestro culto
de veras te haya gustado.

Rosa. De todas formas hay algo
que encuentro bastante feo.
Lidia. ¿Qué es...?
Rosa. Me causa reparo...
Lidia. Puedes hablar sin rodeos.
Rosa. Pues no me llega a gustar
la tremenda algarabía
que armáis antes de empezar.
El templo parece un bar,
o una pescadería.
Es vergonzoso escuchar
el canto de la lechuza.
¿Sabes qué quiero decir? (Chisssss)
No tendríais que permitir
semejante escaramuza.
Lidia. Reconozco tus razones,
y estoy de acuerdo contigo.
Veo que sabes dar sermones...
Rosa. Porque es verdad lo que digo.
Yo creo, que al aposento
donde adoráis al Dios vuestro
de forma tan natural,
un poco más de respeto
no le sentaría mal.
Lidia. Me duele haber de admitir
que te sobra la razón.
Rosa. Si lo podéis corregir,
hará más buena impresión.
Lidia. Y dime. ¿Hallaste algo más
que no te gustó...?
Rosa. Pues, sí.
No me gustó la estrechura
del cubo de la basura.
Lidia. ¿Dónde los vistes aquí...?
Esta vez querida amiga,
tu flecha no dio en el blanco.

Rosa. ¡Cómo...! ¿No es el basurero
lo que hay detrás de los bancos?
Pues yo he visto en todos ellos
muchas cáscaras de pipas
papeles de caramelos
y chiclets y otras cositas.

Lidia. Bien seguro, te refieres
a lo de poner los libros,
aunque no esté, si tú quieres,
como debiera de limpio.

Rosa. ¡Ya me parecía a mí
que era estrecho el orificio
para echar los desperdicios...!

Lidia. Mas por desgracia, es así.

Rosa. Pero eso debe evitarse.

Lidia. Eso lo hacen las criaturas.

Rosa. Pues que se cuiden los padres
de evitar esas diabluras.
El ser pulido y curioso,
no cuesta ningún dinero.
Y hace muy mala impresión
hallar en ese renglón
basuras de cenicero.

Lidia. ¿Estás acaso enfadada?

Rosa. Ni mucho menos, mujer...

Lidia. ¿Vendrás otra vez...?

Rosa.   Palabra...
Si es que me dejas meter
las narices en la sopa.

Lidia. La crítica constructiva
es buena, y hasta la estopa.
Que es conveniente en la vida,
nadar y guardar la ropa.
(Al público):
Cuando alguien viene a los cultos,
no escucha sólo el sermón,
sino que mira y observa

con la máxima atención.
Cualquier pequeño detalle,
o descuidada actitud,
puede ser un paso en falso
que lo aleje de Jesús.
Seamos prudentes y atentos
en la casa del Señor.
Que nuestro comportamiento
adorne en todo momento
el Evangelio de Amor.

LA UNICA FUENTE

(Diálogo para 2 jóvenes)

Eva. He venido a preguntarte,
tal vez con cierta osadía,
porque siento al contemplarte
envidia de tu alegría.
Nunca te veo preocupada.
¿Es que en tu vida no hay penas?

Ana. Sí que hay, mas no me enfado;
¿no es Cristo nuestro abogado?
Pues yo pongo mis problemas
en sus manos poderosas
y El me da la solución.
Con El no hay causas penosas
dignas de preocupación.

Eva. Pues yo también soy cristiana
y confío en el Señor,
pero a mí no me derrama
esa clase de valor.

Ana. Será tal vez, porque miras
a Dios como algo lejano,
sin dejarle que tu vida
El dirija con su mano.

Eva. Yo sé que El es Poderoso.

Ana.   Con saberlo no hay bastante;
        lo realmente precioso
        es sentirlo en cada instante.
        Notar que El vive contigo
        como un leal compañero,
        lo mismo que un fiel amigo.

Eva.   Pues eso es lo que yo quiero;
        pero por más que procuro
        cumplir mis obligaciones,
        con poca cosa me apuro.

Ana.   Y hay que ver qué cara pones...

Eva.   Yo quisiera estar alegre
        como tú.

Ana.   Pues ve a la fuente,
        y cuando estés apenada,
        confía en Dios solamente.
        No quieras solucionar
        las cosas por tu valía,
        aprendiendo a confiar
        en El, podrás encontrar
        la fuente de la alegría.

Eva.   Me pintas muy fácilmente
        este importante dilema.
        ¡Confiar en Dios solamente...!

Ana.   Todos somos muy valientes,
        mas cuando surge un problema
        los creyentes nos buscamos
        la solución, orgullosos,
        y cuando no la encontramos,
        o cuando al fin fracasamos,
        entonces nos acordamos
        de que Dios es Poderoso.

Eva.   Tienes toda la razón,
        y eso es lo que a mí me pasa.
        La causa de mi aflicción
        es que mi vida fracasa,
        porque vivo a mi manera,

dejando al Señor a un lado,
y aunque la intención es buena,
esa no es la verdadera
forma de obrar de un cristiano.
Y luego, lógicamente,
pues pago las consecuencias.

Ana. Veo que por fin entiendes...
Eva. Despertó ya mi conciencia.
Gracias, porque me ayudaste
a comprender la verdad.
Ana. Fuiste tú quien preguntaste.
Eva. Y tú quien me despertaste.
de mi oscura necedad.
Quiero ser más consecuente,
buscando a Dios noche y día.
(Al público):
Para un sincero creyente,
Cristo es la única Fuente
de paz, de amor y alegría.

¡POBRE LIBERTAD!

(Diálogo para 2 Jóvenes)

Tonio. ¿Adónde vas tan dispuesta?
Inés. Voy, donde me da la gana.
Tonio. Chica... ¡vaya una respuesta!
Inés. Pues mira, si te molesta,
también tu pregunta es vana.
Tonio. Está bien; yo no quería
ofenderte.
Inés.   Estoy nerviosa.
Perdona mi antipatía.
Voy a una fiesta preciosa.
Es un guateque, entre amigos
con ansias de disfrutar.

342

Resulta muy divertido.
¿Me quieres acompañar?

Tonio. Yo voy al culto... Ya sé
que esto es meterme en tu vida,
pero, ¿dónde está tu fe?
¿La tienes muerta o dormida...?

Inés. Soy muy libre, y puedo hacer
todo lo que me apetezca.
¿Quién me puede detener...?

Tonio. Pues haz lo que te parezca.
Blasonas de libertad,
y en verdad, muy libre eres,
mas no debes olvidar
que al Señor cuenta has de dar
de todo cuanto aquí hicieres.
Y si al hacer tu real gana,
haces daño a otras personas,
es egoísta, sucia y vana
la libertad que pregonas.

Inés. Yo no me meto con nadie,
y a nadie puede dañar
el que quiera disfrutar.

Tonio. Y si se enfadan, que rabien. (con sorna).
¿No piensas eso? Pues mira:
Hay personas que te quieren
y se sienten doloridas
porque malgastas tu vida
en busca de los placeres.
El Señor que te ha salvado
es el mayor ofendido.

Inés. ¡Pero si no lo he dejado...!
Además, yo no me olvido.
Precisamente, el Señor
nos hace libres.

Tonio.   Y santos;
y nada le ofende tanto
como olvidar su favor.

Cualquier alma redimida
muchos privilegios tiene
y deberes, que se olvidan.
Todo es lícito en la vida,
pero no todo conviene.
Si al hacer tu voluntad
causas en otros ultraje,
entonces tu libertad
se vuelve libertinaje.

Inés. Chico, me has estropeado
la fiesta con tu sermón.
Veo que tienes razón
y por eso no me enfado.
En vez de ir al guateque
donde hay tantas libertades,
para que mi alma no peque,
me voy a escuchar verdades.

Tonio. Me alegra que hayas cambiado
de parecer y actitud.
Cerca de Dios hay virtud,
y en el mundo está el pecado
casi siempre disfrazado
como angelitos de luz.
La forma más convincente
de usar bien la libertad
es buscando la verdad,
y haciendo la voluntad
de un Dios tan Sabio y Potente.

Inés. Bien, pues vamos a escuchar
el mensaje de los cielos,
y que el Señor me perdone
si escuchando otras razones
busqué del mundo el consuelo.

Tonio. Que Dios nos perdone a todos
lo mucho que le ofendemos,
y nos ayude a entender

su libertad y poder,
pues sólo así triunfaremos.
(Al público):
La senda de la verdad
es bella para el creyente,
y en cambio, en la vanidad,
¡qué pobre es la libertad
usada indebidamente...!

¿EXISTE LA FELICIDAD?

(Diálogo para dos jóvenes)

Paquito. Hermano, dime: ¿Tú crees que existe
la verdadera felicidad?

Bernard. Pues claro. ¿Acaso no lo aprendiste
yendo a la escuela dominical?

Paquito. Sí, mas tú sabes que en teoría
todas las cosas muy bellas son,
pero en la práctica siempre varían.

Bernard. Aquí no vale esta observación.
Dios es quien dice por su Palabra,
que nos da gozo, consuelo y paz.
¿Tú crees acaso que Cristo cambia?

Paquito. Yo sé que El dice siempre verdad.
Mas yo en mi vida no he conseguido
ver realizada esa bendición.

Bernard. Pues tú no sabes cuánto has perdido.
¡Es tan hermoso...!

Paquito.   Tienes razón.

Bernard. Mas no te quejes; la culpa es tuya,
pues no has cumplido con tu deber,
pero no dejes que te destruya,
bien ves que es falso todo el placer.

Paquito. Yo he procurado saciar mi vida.
Calmar las ansias de disfrutar.

Bernard. ¿Y qué has ganado? Sólo una herida
que mucho tiempo te hará llorar.
Paquito. ¿Tú eres dichoso...?
Bernard.   Completamente.
Paquito. Pues yo quisiera ser como tú
pero me temo que ya es muy tarde.
Bernard. ¿Es que has perdido tu juventud?
Cristo te espera; quiere mostrarte
que es verdadera su bendición.
Tú solamente debes seguirle.
Dejar que El llene tu corazón.
Paquito. Yo sé que es bueno,
¡pero es tan Santo...!
Bernard. El te hará fuerte para triunfar.
Que seas feliz, ¡lo desea tanto...!
Paquito. Pues ya no quiero hacerle esperar.
(Al público):
Cristo desea vernos felices,
mostrando al mundo su amor y paz,
como una prueba firme y latente
de que con Cristo se vive y siente
la verdadera felicidad.

EL LAZARILLO DIVINO

(Diálogo)

José. ¿De dónde vienes, amiga?
Te encuentro muy animada.
Eva. ¡Es que tuve una comida...!
José. Cuenta, cuéntame enseguida.
¿En qué hotel?
Eva.   De hoteles, nada.
Fue en la iglesia del Señor
donde hallé tal alimento,
que mi corazón contento
le bendice con amor.

346

José. ¡Cuánto siento no haber ido...!
Me fue imposible asistir.
Pero ya que no he podido,
¿No me lo querrás decir?

Eva. El pastor nos ha explicado,
de cómo un Dios tan potente
nos prodiga sus cuidados;
y nos lo ha demostrado
de una forma convincente.
Puso por comparación
la desgracia más aguda;
un ciego, sin más ayuda
que su perro y su bastón.
El perro, fiel compañero,
lo lleva por buen camino,
y sumiso, el pobre ciego,
con él llega a su destino.
Si hay peligros, lo defiende
contra males invisibles.
Cuando es llamado, lo atiende
con amor indescriptible.
Con este ejemplo sencillo,
nos ha hecho comprender
lo que el Señor suele hacer
cual si fuera un lazarillo.

José. ¿No encuentras irreverente
comparar al Creador
con un animal viviente?

Eva. No olvides que el Salvador
usó en varias ocasiones,
si lo quieres recordar,
un lenguaje similar
para hacer comparaciones.

José. Ya recuerdo... La gallina:
El cordero y su inocencia...

Eva. Entonces, ¿por qué imaginas
que es falta de reverencia?

José. No, si en verdad me ha gustado.
Es un ejemplo estupendo;
y aún más, hasta he encontrado
más cosas.
Eva. ¿Sí? No te entiendo.
José. Pues mira; somos cual ciegos,
y Cristo es nuestro fiel guía.
Pero a pesar de ser bueno,
nuestra alma desconfía,
y usamos nuestros recursos,
que es, como un pobre bastón
que nos causan muchos sustos.
Eva. Sí que es buena la lección.
José. Aún hay más. También confiamos
en sonidos exteriores,
y a veces nos preocupamos
queriendo cosas mejores.
No escuchamos la advertencia
de nuestro fiel lazarillo,
y de un problema sencillo
hacemos una tormenta.
Eva. ¡Si pareces el pastor...!
José. Es que es clara esta enseñanza.
Debemos darle al Señor
toda nuestra confianza.
Para que en su amor nos guíe.
Nos guarde de todo mal,
hasta el día que lleguemos
a la patria celestial.

HASTA LA META FINAL

(Diálogo para dos jóvenes)

Mari. ¿Qué te pasa amigo mío,
que eres tan caro de ver?
Te estás quedando muy frío...

Juan. No será tanto, mujer.
Reconozco, que no voy
a la iglesia como antes,
pero tan frío no estoy.
Hay cosas muy importantes
que me tienen ocupado.
Con mucho gusto vendría...

Mari. ¡Y pensar que antes querías
dedicarte al pastorado...!
Querías ser misionero,
y empezabas a estudiar,
pero en vez de progresar,
ya no te se ve el «plumero».

Juan. Las cosas cambian...

Mari.   Sí, sí...

Juan. Soy un hombre de provecho.

Mari. ¿Y tú crees que obrando así
Dios puede estar satisfecho?
¡Qué poca constancia tienes...!
A todos has defraudado.
Haces lo que te conviene
infiel y despreocupado.

Juan. Yo sigo creyendo en Dios.
Yo no he dejado mi fe.

Mari. Tú quieres servir a dos
señores.

Juan.   Sí, ya lo sé...

Mari. ¿Sabes en qué distinguían
a los primeros cristianos?
Por su constancia; y tenían
también problemas humanos.
Servir al Señor Divino
no es dar el paso inicial,
es seguir en su camino
hasta la meta final.
Cristo lo dijo muy claro
en su Evangelio, verás...

Juan.   Lo que tú me leerás
        yo ya lo había estudiado.
        (Ella lee en Mateo 10:22,
        o Marcos 13:13.)
Mari.   No soy yo quien te lo dice;
        es la Palabra divina.
Juan.   Esto es lo que yo no hice,
        perseverar... ¿Te imaginas...?
        Yo que estas cosas leí
        y también las estudié...
        ¡Qué gran falta cometí...!
        Porque me las aprendí,
        pero no las practiqué.
        Yo puse mi torpe mano
        en el arado divino
        y miré hacia atrás. ¡Qué vano
        ha sido mi desatino...!
Mari.   Yo no quiero que te enfades.
Juan.   Es que estoy emocionado,
        porque me has dicho verdades
        que al corazón me han llegado.
Mari.   Aún puedes rectificar.
Juan.   Y lo haré desde este instante.
        Tú me has sabido avisar
        a tiempo.
Mari.   Pues, adelante.
Juan.   (Al público):
        Cristianos, perseverad
        es lo que el Señor pregona.
        Sólo el que llegue al final,
        a la meta celestial,
        recibirá la corona.

EN EL DIA DEL SEÑOR
(Diálogo para dos jóvenes)

Julio. ¿Dónde vas tan elegante,
        y además con tanta prisa?

Elías. Voy al culto. ¿Y tú, tunante?

Julio. Yo no acostumbro a ir a misa.
Pasas toda la semana
trabajando como un negro,
y un día que tienes libre
te encierras allí. ¡No entiendo...!

Elías. Pues es fácil de entender.
Voy a la iglesia este día,
porque me causa placer,
y voy con gran alegría.
Para adorar al Señor
con sincera gratitud,
por la vida, por su amor,
por el pan, por la salud,
y por tantas bendiciones
que sobre mí fiel derrama,
son vivas demostraciones
de lo mucho que me ama.

Julio. ¿Y qué hacéis allí? ¿Rezar...,
cantar y escuchar sermones...?
¡Qué forma de disfrutar
más sosa...!

Elías.   Nuestro pensar
no es tal como tú supones.
Lo que yo voy a escuchar,
para mí no es un sermón,
es la Palabra divina
hablando a mi corazón.

Julio. Yo no sé cómo será,
lo cierto es que en ti yo veo
algo raro de verdad,
y es algo que yo no creo.
Porque eso de que te obliguen
a hacer vida de ermitaño,
podrá ser, o no, agradable,
mas para mí, es muy extraño.

Elías. ¿Quién te ha puesto estas ideas
de tirana obligación?

Julio. No me dirás que no llevas
la vida de un santurrón.

Elías. Te prometo, amigo mío,
que yo no voy obligado.
Voy, porque tengo una cita;
es mi Dios el que me invita,
y yo acudo entusiasmado.
El quiere tener conmigo
su comunión paternal.
Yo soy que ante El me obligo.

Julio. Tu explicación no está mal,
aunque no me has convencido.
Tú sabes que yo te aprecio
porque eres noble y sincero.
Hoy es difícil hallar
un amigo verdadero.

Elías. Gracias por tu apreciación.
Yo también te tengo estima.

Julio. Voy a decirte un secreto,
no sé si ya lo imaginas.
Estoy muy desengañado
de amigos y compañeros,
¿y ves? solo me he quedado,
aburrido y sin dinero.
Yo quería proponerte
salir conmigo algún día,
que uno mejor se divierte
si está en buena compañía.
¿Aceptarás mi propuesta...?

Elías. Gracias por tu invitación.

Julio. ¿Quieres decir que sí aceptas
salir conmigo en las fiestas...?

Elías. Mas, con una condición.
Yo dedico los domingos
a mi Dios enteramente.

Julio. Ya empezamos con remilgos...
Ya surgen inconvenientes...

Elías. Pero eso no es problema.
Tú puedes acompañarme,
y ambos vamos a la iglesia.

Julio. ¿Tú crees que eso va a gustarme...?

Elías. Pues claro que sí, y tú mismo
comprobarás gratamente,
que allí no nos aburrimos
como supone la gente.

Julio. No sé qué hacer...

Elías.   Eso es todo.
Escoge la buena parte
y ven conmigo, de otro modo
yo no podré acompañarte.

Julio. ¿Es que es malo divertirse?

Elías. Yo no te he dicho tal cosa.
Jamás fue malo reírse,
si no es por inmiscuirse
tendencias pecaminosas.
Y es más, cualquier otro día
no tendría inconveniente.
Y por darte una alegría,
hasta te acompañaría
a cualquier sitio decente.
Pero, eso sí, los domingos
no cuentes con mi persona,
porque éstos yo los dedico
al que mis culpas perdona.

Julio. Me complace tu entereza,
y acepto sin condiciones.
Es muy firme tu creencia,
ganado por su influencia
asistiré a esas reuniones.
Pues te diré la verdad,

y es que tengo en mi interior
un vacío. Mi alma está
sedienta de paz y amor.
He tratado de calmar
esa sed, ese vacío,
procurando disfrutar,
dejándome deslizar
en placeres y amoríos.
Pero fracasé en mi intento.
El momentáneo placer
no pudo satisfacer
a mi corazón sediento.
Si es Dios quien a ti te ha dado
la paz que en tu rostro veo,
¿podrá a mi pecho angustiado
satisfacer...?

Elías.   Ya lo creo.
El caso tuyo, fue el mío,
y el de otras muchas personas,
que sintiendo ese vacío,
confiamos nuestro extravío
al que fiel lo soluciona.

Julio.   Pues vamos, porque aquí dentro
siento algo que me quema.
A ver si por fin encuentro
solución a mi problema.

Elías.   Sí, vamos, y deprisita,
porque si no tarde haremos.
Vamos donde Dios nos cita
para que su Nombre honremos.

Julio.   Vamos, que mi sangre hierve
con el celestial calor.

Elías.   El que este anhelo no siente,
¡Cuánta bendición se pierde
en el día del Señor...!

EL GRAN MAESTRO

(Diálogo para dos jóvenes)

Lina. Siempre que vengo a tu casa
he de encontrarte leyendo.
¿Puedo saber qué te pasa...?
porque en verdad, no lo entiendo.
Si es que quieres aprender,
procúrate un buen maestro.

Juan. Ya lo tengo.

Lina.   ¿Puede ser...?

Juan. Y este es su libro de texto (la Biblia).
Tengo al Maestro Divino,
el que creó el firmamento.
Su enseñanza en mi camino,
es el mejor fundamento.
Me enseña a vivir confiado
como las aves del cielo,
Me dice que están contados
de uno en uno mis cabellos.

Lina. Eso son figuraciones.

Juan. Eso es pura realidad.
Son tan claras sus lecciones,
que llenan mi alma de paz.
Con El, aprendo a cantar
cuando ruge la tormenta.

Lina. Me estás haciendo pensar,
que tal vez para almorzar
bebiste más de la cuenta.
Es muy difícil creer
lo que acabas de decir.
Tienes que reconocer,
que no se puede admitir
que a un maestro no se vea
y que no pueda escucharse.

Juan.   Al Rabí de Galilea
        sí puede experimentarse.
        El Sabio por excelencia.
        El Dios vivo y Verdadero,
        no necesita más ciencia
        que corazones sinceros.

Lina.   Bueno, ¿y qué has aprendido
        con tu maestro invisible?

Juan.   Mucho: y estoy convencido,
        que con El todo es posible.
        El dice: «Aprended de mí»...
        y yo he podido aprender,
        a decir SI, cuando es SI,
        y NO, cuando NO ha de ser.

Lina.   Yo también, sin ser creyente,
        sé que es mala la mentira.

Juan.   Sí; lo sabes, pero mientes...

Lina.   A veces es conveniente,

Juan.   Dios lo condena y castiga.
        El me enseña a perdonar,
        también a no ser tacaño,
        a querer y respetar
        incluso a quien me hace daño.
        También aprendo con El
        a ser noble y valeroso,
        humilde, sencillo y fiel.
        Ya ves si es maravilloso.
        El quiere que yo comprenda
        que todo aquí es pasajero.
        Sólo el que sigue su senda
        va en pos de lo verdadero.

Lina.   No sigas más, por favor,
        que ya me has dicho bastante.
        Hablas como un orador
        y yo soy muy ignorante.
        Si tu Maestro Divino

	a mí me quiere enseñar,
	estoy dispuesta a empezar.
Juan.	¿De verdad...?
Lina.	Y me imagino
	que me querrás ayudar.
Juan.	Con mucho gusto, mujer,
	coge el libro y a lo nuestro.
	Todo el que quiera aprender,
	podrá feliz conocer
	que es Cristo el mejor MAESTRO.

¿EXISTE DIOS?

(Diálogo)

Luis. Dime, ¿tú crees en Dios?
Abel. Claro, ¿pues no he de creer...?
¿Tú crees que cosas tan bellas,
la luna, el sol, las estrellas,
solas se pueden hacer...?
¿No ves en el Universo
la potencia creadora
de un Dios muy Sabio y Eterno?
A ver, responde tú ahora...
Luis. Nuestros sabios aseguran
que ha sido la evolución
la causa firme y segura
de toda la creación.
Abel. Argumentos sin sentido,
basados en teorías
que poco a poco han caído.
Ni ellos mismos han creído
su propia palabrería.
Luis. Pero dime, ¿dónde está
ese Dios que tú pregonas?
Si lo viera, de verdad
creería en El.

Abel.   Razonas
cual si Dios pudiera ser
como tú y yo, tan pequeño.
Y es inmenso. Su poder
no lo puede contener
el hombre en su necio empeño.

Luis. Hace poco, un astronauta
que los espacios cruzó,
dijo, que allí lo buscaba,
pero que a Dios no encontró.

Abel. El hombre, además de necio,
es orgulloso e insolente,
y habla de Dios con desprecio,
mofándose irreverente.

Luis. Si es verdad que Dios existe,
en algún sitio ha de estar.
Dime amigo, ¿tú lo viste...?

Abel. Y en mí lo siento vibrar.

Luis. ¿Sí...? Pues yo quisiera verle.

Abel. No ofendas a tu Hacedor.
El no es como tú, ¿lo entiendes?
Es inmenso, Superior.
¿Puedes mirar cara a cara
al sol?

Luis.   Lo había intentado,
mas su fuerza me deslumbra,
y en mi intento he fracasado.

Abel. Pues si al sol, que es su criatura,
no lo puedes soportar,
¿cómo pretendes mirar
al que lo puso en su altura?

Luis. ¿Pues, cómo he de ver a Dios?

Abel. Te lo dije hace un instante.
Mira al cielo, a las estrellas,
las flores, el mar, los montes,
y en ti mismo están sus huellas.
En el cantar de las aves,

en el rumor de la fuente,
Dios está en el mismo aire
que respiramos. ¿No sientes
cómo su aliento da vida?
En todo hallarás su muestra,
pues hasta una simple hormiga
es una obra maestra.

Luis. Me estás dando claras pruebas
para disipar mis dudas.
Tú que en tu interior lo llevas,
a ver si a hallarle me ayudas.

Abel. Búscalo con reverencia,
sin maldad ni altanería.
Busca en tu misma conciencia
a cualquier hora del día.
Dile así, sencillamente
que lo quieres conocer;
verás como Dios te atiende,
y humilde, lo podrás ver.
Si tu deseo no es falso
y quieres sentirlo dentro,
con Amor te saldrá al paso,
porque El mismo, en este caso,
quiere más que tú ese encuentro.

Luis. Si esta verdad comprobase,
mi alma ante El rendida
no tardaría en postrarse.

Abel. ¡Qué hermoso es relacionarse
con el Autor de la Vida...!

LOS MOTIVOS DE DIOS

(Diálogo)

Familia compuesta por Federico, el Padre; Marta, la Madre; Emilio, el hijo mayor, y Ruth, la hija menor, de unos 12 años. El Padre lee el diario, la hija cose una labor y la Madre en el interior, prepara la cena. Emilio está ausente. La escena, en el comedor de la casa.

Padre. (Dejando el diario):
Marta...

Madre. (Desde el interior):
Dime, Federico...
Estoy haciendo la cena.

Padre. ¿Aún no ha venido el chico?

Madre. (Saliendo):
Tenía que ir con Elena
a casa de unos parientes;
no tardará.

Padre. Eso espero,
porque me duelen los dientes
de pensar en el puchero.

Madre. Hijo, cualquiera diría
que estás hambriento.

Padre.   Mujer...
Hoy es uno de esos días
que más pienso en el comer.

Madre. Sí que tienes apetito...

Padre. Más del que tú te imaginas.
Y con esos olorcillos
que vienen de la cocina...

Madre. Y qué, ¿encontraste trabajo?

Padre. He buscado en varios sitios
y no hay forma de encontrarlo.
Todos me dicen lo mismo;
que hay crisis, más adelante,
tal vez precisen peones;
y la edad es muy importante
además de otras razones.

Madre. Tú no eres viejo.

Padre.   No sé...

Madre.	Estás muy bien conservado. Nadie diría que tienes casi cincuenta.
Padre.	Gastados... No valen las apariencias. Importa la realidad. En oficinas y empresas te piden con insistencia el carnet de identidad.
Madre.	¿Acaso un hombre maduro puede vivir sin comer...?
Padre.	Trabajando, ya hay apuros...
Madre.	Hacen falta muchos duros para un hogar sostener. ¿Qué culpa tiene el obrero de que fracase la Empresa donde trabaja? Sin dinero no habrá comida en la mesa.
Padre.	¿Te olvidaste del Señor...? El cuida a los pajarillos, y puede cuidar mejor de unos creyentes sencillos.
Madre.	Que El me perdone...
Ruth.	Mamá, el papá tiene razón. No sufras, Dios proveerá y al fin nos ayudará con alguna solución.
Madre.	Yo no es que dude, hija mía, mas cuando empiezo a pensar se me ausenta la alegría.
Ruth.	No te debes preocupar...
Madre.	Y lo dices tú, que has sido víctima de esta experiencia.
Padre.	Si el Señor lo ha permitido, no hay que perder la paciencia.

Madre. Te encuentro muy sosegada...
Tanto que te disgustó
cuando hubiste de dejar
tu música...

Ruth.   Es que yo
entonces no comprendí
su voluntad plenamente,
pero algo nuevo aprendí
y lo veo diferente.
La Escuela Dominical
me enseñó una gran lección.

Madre. Pues yo, no es que piense mal,
mas no entiendo la razón
por la cual Dios te ha privado,
a falta de «don dinero»,
que siguieras estudiando.
¡Tan bien que ibas...!

Ruth.   Lo primero
es saberse someter
a su santa voluntad.

Madre. ¿Es que no ibas a aprender
para al Señor ofrecer
más fruto y utilidad...?

Padre. Los designos del Señor
son a veces misteriosos;
hacen falta fe y valor
para aceptarlos con gozo.

Madre. Yo creo en El. Sé que es Bueno.
Mas no llego a comprender
muchas cosas.

Padre.   Ten paciencia,
y confía en la clemencia
de quien todo puede hacer.

Madre. ¡Ay, esposo...! Es que es violento
lo que nos está pasando.
¡Vivíamos tan contentos...!
Y ahora, Señor, ¡hasta cuándo...!

Primero tú sin trabajo,
la niña enferma después,
y ella que estaba estudiando...
Suerte que queda el Emilio.
Nuestro hijo tuvo suerte.
Cayó en gracia su soltura
a ese empresario fuerte,
y lo puso en gran altura.

Padre. Lo que no me satisface,
es que se haya prometido
con la hija...

Madre.   A mí me place...
Buena chica y buen partido.

Padre. Sí, pero no es del Señor.

Madre. ¿Acaso el chico lo es?

Padre. Mas yo ruego al Salvador
que conquiste con su Amor
a nuestro querido Emilio.

Madre. Sus ingresos son ahora
nuestra única fortuna.

Padre. Dios aprieta, mas no ahoga.
¿No lo ves...?

Madre.   Sin duda alguna.
Ya ves qué casualidad,
el único indiferente
de nuestra casa, es capaz
de ganar lo suficiente
para el sostén de este hogar.

Padre. Si Dios así lo ha querido,
no nos debemos quejar.
Si aún hay pan en nuestro nido,
gracias tenemos que dar.

Madre. Todo eso ya lo sé.

Padre. Pues, ¿por qué te quejas tanto
¿Es que has perdido la fe?

Madre. No es eso, ya ves que aguanto.
        Hablando así, se expansionan
        mis nervios...

Padre.   ¡Vaya un dilema...!
        Dios jamás nos abandona.
        Verás como El soluciona
        nuestro presente problema.
        Y la cena, ¿cómo está?
        El chico tarda en venir.

Madre. Creo que no tardará.
        No lo vayas a reñir...
        Mientras viene, empezaré
        a poner la mesa.

Ruth.   ¿Quieres
        que te ayude?

Madre.   Ya lo haré
        yo sola.

Padre.   ¡Humm..., cómo huele...!

(La Madre marcha hacia el interior.)

Padre. Ven aquí, Ruth, hija mía,
        explícame esa lección
        que hace un momento decías
        aprendiste en la Reunión.

Ruth.   Querrás decir, en la Escuela
        Dominical, ¿no es así?
        Porque en la reunión no estuve.

Padre. Es igual, pues para mí,
        cuando se aprende algo bueno,
        de bienhechora influencia,
        el lugar es lo de menos.

Ruth.   ¿Te lo explico...?

Padre.   Venga, empieza.

Ruth.   La lección es muy sencilla.
        Se trataba de una viuda
        que no tenía comida,
        ni quien le prestara ayuda.

Tenía un hijo incapaz
de procurar alimento,
y con profundo pesar
iba lo último a gastar,
cuando Elías sale a su encuentro.
Su difícil situación
se hace más grave, y la inquieta.
Probando su corazón
Dios le pide una porción
para el sostén del profeta.
Triunfa la fe y Dios bendice
dándoles lo necesario.
Y esa historia se repite
cada vez que Dios permite
un parecido calvario.

Padre.   Sí, Dios es bueno, hija mía,
y cada vez que su mano
nos oprime, no es en vano
para aquél que en El confía.
Su grande misericordia
se muestra continuamente.
Graba siempre en tu memoria
esta lección excelente.

Madre.   (Saliendo):
Bueno, la cena ya está.

Padre.   Pues ya la puedes servir.

Madre.   ¿No lo vamos a esperar?
Ya no tardará en venir...

Padre.   Pasan ya más de dos horas
que debiera haber venido.

Madre.   Tal vez se habrá entretenido.

Padre.   O tal vez se encuentran ahora
cenando en otro lugar
con su novia.

Madre.   ¡Mal pensado...!

Padre. Venga, vamos a cenar,
que hoy, de tanto caminar
estoy de veras cansado.
Al chico puedes guardarle
su ración, y cuando venga
ya cenará. He de darle
una buena reprimenda.
¡Vaya retraso...!

Madre.   Veremos
si cumples esta promesa.

Padre. A mí me gusta que estemos
todos juntos a la mesa.

Madre. Bueno, pues como tú quieras,
ahora mismo la preparo.

Ruth. ¿Te ayudo?

Madre.   Venga ligera.
Nuestro Emilio no es un tronera;
que hoy tarde tanto, es muy raro.

Entre Madre e hija preparan una mesa sencilla.

Cuando todo está a punto y la Madre al fin se
sienta al ir a dar gracias a Dios, llaman a la puerta.

Llega Emilio, que entra despreocupado.

Emilio. Buenas noches.

Padre.   ¿Ya has llegado?
¿Qué fue lo que te entretuvo?

Emilio. Es que hoy he terminado
más tarde.

Padre.   ¿Estás seguro...?

Madre. ¿No has estado con la novia?

Emilio. No la he visto. ¿Queréis pruebas?
He tenido que estudiar
una maquinaria nueva.
Ahora, después de cenar,
iré a verla.

Madre.   ¡Si es muy tarde...!

Emilio.　Pero ella me esperará,
　　　　 que me lo ha dicho su padre.
　　　　 (Al Padre):
　　　　 Y de trabajo, ¿qué tal?
　　　　 ¿Encontraste alguna cosa?
Padre.　 El asunto está muy mal,
　　　　 con esta crisis dichosa...
　　　　 Y donde hay, normalmente
　　　　 prefieren la juventud.
Madre.　 Tú estás joven y muy fuerte,
　　　　 y rebosas de salud.
Emilio.　Yo, al jefe del personal
　　　　 pregunté si había empleo,
　　　　 me ha dicho que mirará,
　　　　 pero difícil lo veo.
　　　(Se sienta a la mesa.)
Madre.　 Venga, vamos a cenar.
Emilio.　Veo que tenéis apetito.
　　　　 ¿No habéis podido esperar
　　　　 al que os trae el dinerito...?
Madre.　 Hasta hace poco has comido
　　　　 lo que tu padre ha ganado
　　　　 y ni una vez has oído
　　　　 que en cara te se haya echado.
Emilio.　No he pretendido ofenderos.
　　　　 Perdonad, era una broma.
　　　　 Bien sabéis que mucho os quiero,
　　　　 mas si en serio te lo tomas...
Padre.　 Venga, vamos a comer,
　　　　 que esto ya se está enfriando.
Emilio.　¡Qué bien huele...!
Ruth.　　　　　　　　　　 Vas a ver
　　　　 qué rico está.
Emilio.　　　　　　　　　 Voy probando.
　　　(Se ponen para dar gracias, pero Emilio come
sin hacer caso.)

Padre. ¿No te esperas un momento
a que hagamos oración,
dando gracias al Señor
por su bendito alimento?

Emilio. Yo creo que exageráis.
Si algo se ha de agradecer,
mejor será que lo hagáis
a quien os da de comer,
y en este caso soy yo.

Madre. No seas desvergonzado;
procura ser más discreto,
que dos veces ya has hablado
faltándonos el respeto.

Padre. ¿Quién te has creído que eres
para hablar de esa manera?
Si algún privilegio tienes,
a Dios lo debes, ¿te enteras?
¿Que te hemos de agradecer
el sustento? Descarado...
¿Acaso tú agradeciste
la educación que te han dado?
Hasta hace poco, en tu vida
sólo gastos han habido...
¿Quién te daba la comida,
los estudios, el vestido...?

Madre. (Llorosa):
Emilio, ¿por qué eres así?
¿No ves que nos haces daño?
¡Por qué...!

Emilio.   Me parece a mí
que hoy os sucede algo extraño.
Yo no he querido ofenderos.
Os enfadáis sin razones.
Lo que quisiera hacer veros,
es que sois muy santurrones.
Creo que no hay para tanto.

	Bien está que algo creáis,
	pero no que os convirtáis
	en una escuela de santos.
	Hay que ser más realistas...
Madre.	¿Y eso qué es...?
Emilio.	La realidad.
Padre.	¿Admitir que todo exista
	así, por casualidad...?
	¿A quién hay que agradecer
	que salga el sol cada día,
	que dé vida a nuestro ser,
	sino a Dios que nos lo envía?
	¿Qué me respondes a esto...?
	Si es que lo sabes, empieza.
Emilio.	Pues... porque así lo ha dispuesto
	la madre Naturaleza.
Padre.	¿Y quién es esa señora
	que tanto dominio tiene?
	Sólo es una servidora
	del Creador que la sostiene.
Madre.	Yo no me puedo explicar
	que seas tan indiferente
	tú, que has visto en nuestro hogar
	la mano del Dios Potente.
	¿No te acuerdas...?
Emilio.	Sí, mamá...
	Me acuerdo perfectamente.
	Pero si Dios es tan bueno,
	¿por qué padre está parado?
	Si es tan justo, no comprendo
	cómo os tiene abandonados.
Padre.	Dios dirige nuestra vida
	y El tiene sabias razones.
	No seré yo quien le pida
	a mi Dios explicaciones.
	El siempre obra en beneficio
	de sus fieles servidores,

si permite el sacrificio
es para hacernos mejores.
Si fueras más comprensivo,
admitirías su amor,
pues siempre existen motivos
para dar gracias a Dios.

Emilio. No entiendo vuestra ceguera.

Padre. Tú eres el ciego, hijo mío.

Emilio. Bueno, me marcho.

Madre.   Espera...
¡Si no has cenado...!

Emilio.   Confío
que para cuando regrese
se habrá acabado el sermón.

Padre. Quizás al volver te encuentres
con que ya hay una razón.

Madre. Pero come alguna cosa,
o llévate un bocadillo.

Padre. La cena está apetitosa.

Emilio. Si acaso, guarda un poquillo.
Voy, que me estará esperando
Elena con impaciencia.
Se nos hizo tarde hablando
y ella estará imaginando
cualquier cosa de mi ausencia.

Padre. ¿Quieres decir que a estas horas
tu novia te esperará?

Emilio. Pues claro... Ella me adora.

Madre. No tardes.

Emilio.   Bueno, mamá...

(Marcha Emilio.)

Padre. Me preocupa este hijo nuestro.

Madre. A mí también me entristece...
Va, come...

Padre.   No me apetece.
Me siento algo indispuesto.
Siéntate un poco, querida,
vamos a hacer oración.

Madre. Sí, que Dios sane la herida
de nuestra indisposición.

Padre. (Ora):
Señor, te damos las gracias
por tu amor y tu cuidado.
Sabemos que nada pasa
sin que Tú estés enterado.
Nuestro ruego más ferviente
es por nuestro hijo Emilio.
Que lo salves, Dios Clemente...
Hazle, Señor, comprender
el error de su camino,
y pueda rectificar
a tiempo. Te lo pedimos
con fervor... Hazlo cambiar.
En tu bondad esperamos.
Tú que todo lo haces bien,
y todo te lo imploramos
por Cristo Jesús.

Todos.   Amén.

Madre. Señor, también te pedimos
que proveas nuestro sustento.
Que pueda hallar mi marido
un trabajo, y que contentos
te alabemos sin cesar
porque siempre nos has oído.
Perdona nuestro dudar
y haznos más agradecidos.
En el Nombre del Señor.

Todos. Amén.

Ruth.   Señor de los cielos,
gracias por tu grande amor.
Por tu divino consuelo.

Suplicamos que nos muestres
tu divina voluntad,
y una solución encuentres
a nuestra necesidad.
Mi gran deseo es servirte,
y es por eso que estudiaba.
No entiendo por qué permites,
pero acepto tu Palabra.
Ayúdanos a triunfar
en esta prueba, Señor...
Guárdanos de desconfiar
de tu cuidado y amor.
En el Nombre de Jesús,

Todos. Amén.

Madre.   ¡Oh, Dios...! Que así sea.

Padre. No desmayes, que esta cruz
es pesada, mas no es fea.
Bueno..., ¿vamos a comer...?
Parece que se ha enfriado.

Madre. ¿La caliento...?

Padre.   No, mujer...
aunque no está mal pensado.

Madre. ¡Tanta gana que tenías...!

Ruth. Dejen ya de preocuparse...

Padre. Ahora ya no comería,
pero habrá que alimentarse.

Madre. No se me va de la mente
la actitud de nuestro hijo.
Hoy ha sido, hasta insolente...

Ruth. Dios lo hará cambiar.

Padre.   Me fijo,
que es muy tranquilizador
en medio de este problema,
el consuelo que el Señor
nos manda con nuestra nena.

Ruth. Y Dios hará, que mi hermano
también sea un redimido.
El siempre nos ha escuchado.
Padre. Y fiel, nos ha respondido.
Ruth. Pues no es hora de dudar.
Madre. Tienes toda la razón,
mas me cuesta dominar
la inquietud del corazón,

(Llaman a la puerta. Es una Vecina que viene a traer un recado.)

Vecina. Buenas noches; por favor,
su hijo ha telefoneado,
y por su tono de voz,
está muy emocionado.
El quiere hablar con ustedes
y se espera al aparato.
Padre. Pues bien; voy a ver qué quiere.
No tardaré mucho rato.

(Salen la Vecina y el Padre. Madre e hija comentan):

Madre. Chica, pues vaya unas horas
de molestar a la gente.
¿Qué querrá tu hermano ahora?
Estoy bastante impaciente.
Ruth. Mamá, no estés tan molesta,
que Emilio tendrá sus razones.
Tal vez será la respuesta
para nuestras oraciones.
Madre. Dios lo quiera, y mientras tanto
voy a calentar la cena.
¿Sabes que me estoy cansando?
¡Hoy que me salió tan buena...!

(Madre e hija cogen la olla y otros utensilios y entran hacia la cocina. Llega el Padre muy contento.)

Padre.   ¿Pero dónde estás metidas
         las mujeres de esta casa?
         Venid, venid enseguida...
Madre.   Por favor, hombre, ¿qué pasa...?
Padre.   Bueno..., con tu hijo hablé ya.
Madre.   Está bien, ya lo sabemos.
Ruth.   ¿Y qué te dijo, papá...?
Madre.   Dilo ya, si es algo bueno.
Padre.   Pues sí, lo es...
Ruth.   ¿De verdad...?
Padre.   ¿No lo notáis en mi cara?
Madre.   No trates de bromear,
         que estoy bastante cansada.
Padre.   Si no bromeo, mujer,
         eso sí, siento alegría
         porque acabo de obtener
         lo que buscaba hace días.
         Un trabajo.
Madre.   ¿Es eso cierto?
Padre.   ¿Dudas del poder de Dios?
         De pronto el cielo se ha abierto.
Madre.   Explícate, por favor...
Padre.   Pues tu hijo me ha llamado
         y me ha dicho hace un instante,
         que ya estaba contratado.
         Hay una plaza vacante
         en la fábrica.
Madre.   ¿De su suegro?
Padre.   Querrás decir, su futuro...
Madre.   Lo que importa, es que ya el cielo
         solucionó nuestro apuro.
         Cuenta.
Padre.   Dijo, si quería
         una plaza de portero,
         porque el que antes había
         se ha marchado al extranjero
         Yo le he dicho que conforme.

Mañana iré a la oficina;
me darán un uniforme
y a trabajar. ¿Te imaginas...?
Un trabajo reposado
como yo necesitaba,
y además, muy bien pagado.

Madre. Y yo tonta, me quejaba,
dudando de un Dios tan bueno.

Padre. El muchas veces nos prueba,
por ver hasta dónde llega
nuestra fe. Luego oraremos
con sincera gratitud,
por sus muchas bendiciones.

Ruth. ¡Qué contenta estoy...! La cruz
ahora es de plumas y flores.
De nuevo podré estudiar
y ahora con más interés.
¡Qué abrazo le voy a dar
a mi buen hermano Emilio...!

Padre. Pero aún hay otra cosa
que me causa más contento.
Me ha dicho: Papá, yo siento
mis palabras enojosas,
y ruego que me perdones
mis palabras insolentes.
Dios oye las oraciones.
¿Queréis prueba más latente...?

Ruth. Si no te hubieras quedado
sin trabajo, hoy no tendrías
este empleo reposado
como a ti te convenía.
¡Qué grande sabiduría
nos muestra Dios...!

Padre.   Bien pensado.
Somos poco comprensivos.
Sus lecciones no entendemos.

Nuevamente he aprendido
que siempre existen motivos
para dar gracias al cielo.

Ruth.   El Señor tiene un programa
que incluye nuestro sostén,
y en su Libro nos proclama:
Los creyentes que a Dios aman,
todo les ayuda a bien.

Madre. Démosle con gran fervor
las gracias.

Padre.   Sólo un instante.
Esperaos, por favor,
que en el Nombre del Señor
diré una cosa importante.

(Dirigiéndose al público):

Si en prueba estamos sumidos,
sea cual fuere la razón,
seamos agradecidos;
que siempre existen motivos
para dar gracias a Dios.

INDICE